Somos así 3

Workbook

Teacher's Edition

Regenia Lambert Nicosia

Consultants

James F. Funston
Rafael Varela
Alejandro Vargas Bonilla

EMC Publishing, Saint Paul, Minnesota

W9-CDC-748

ISBN 0-8219-0528-7

Published by EMC Publishing
300 York Avenue
St. Paul, Minnesota 55101

Printed in the United States of America
0 9 8 7 6 5 4 3 2

CAPITULO 1

Lección 1

1 ¡Dos apellidos!

Paula trata de entender los apellidos hispanos pero se confunde. Conteste Ud. brevemente sus preguntas, usando la siguiente familia como ejemplo.

Modelo: **La familia Hernández**

> **Padre:** Jesús Hernández Galdós   **Hijos:** Tomás y Clara
> **Madre:** Ester Sánchez Ramírez

1. ¿Cuál es el apellido de la mamá de Jesús?   Galdós
2. ¿Cuál es el apellido del padre de Ester?   Sánchez

Hernández Vargas, Alfonso
San José 647 274-2023
Hernández Villegas, Alvaro
San Martín 2031 245-3056
Hernández Blanco, Antonieta
Córdoba 3030 894-3124
Hernández P., Antonio J.
Caracas 1769 365-8233
Hernández Varela, Elena M.
Viamón 3193 888-3790
Hernández Galdós, Jesús
Colón 175 Ap. 703 462-5122
Hernández Roa, Liliana
Ayacucho 1772 434-8233
Hernández P. Mauricio
Córdoba 2536 Ap. 206 432-7321

Hernández Zapata, Mónica
Nogal 367 456-7894
Hernández Giraldo, Ricardo O.
Colón 3877 821-3894
Hernández Pérez, Rocío
Boca Grande 6551 Ap. 202 .. 326-0697

Ruíz Bonilla, Ana E.
Arroyo 321 Ap. 502 931-8873
Ruíz Acosta, Cecilia
Arroyo 6734 331-6137
Ruíz Mejía, Javier
Palomar 8003 331-3469
Ruíz S., Pedro J.
Bolivar 321 Ap. 201 888-1104
Ruíz Ortega, Pilar
Concordia 1173 625-9466

S
Saavedra Medina, Fabio E.
Carolina 551 Ap. 601 683-0655
Saavedra Medina, Lilian
Carolina 8753 429-0916
Saavedra Jiménez, Humberto
Colón 6030 378-2737
Sánchez Torres, Carmen S.
Av. Jiménez 7125 227-3419
Sánchez Ramírez, Ester
Bolivar 367 644-4222
Sánchez T. Manuel A.
Córdoba 6087 833-0940
Sandoval Cayetano, Alvaro
Estrada 5214 729-5569
Sandoval Sánchez, Amparo
Rosales 4931 623-0732
Sandoval Bonilla, Lucila
Alegría 1313 645-2432

La familia Peña

> **Padre:** Teodoro Peña Soto   **Hijos:** Andrés y Catalina
> **Madre:** Dolores Chávez de Peña

1. ¿Cuál es el apellido de la mamá de Teodoro?   **Soto**
2. Y ¿cuál es el apellido del papá de Teodoro?   **Peña**
3. ¿Cuál es el apellido del padre de Dolores?   **Chávez**
4. Y ¿cuál es el apellido del esposo de Dolores?   **Peña**
5. ¿Cuáles son los dos apellidos de Andrés y Catalina?   **Peña Chávez**
6. Los Peña tienen teléfono. En la guía de teléfonos, ¿bajo qué apellido puede Ud. encontrar su número de teléfono?   **Peña**

2 ¡Mucho gusto en conocerte!

Es la primera semana de clase. Ud. conoce a Manolo, un estudiante colombiano que acaba de mudarse a su ciudad. Complete Ud. el siguiente diálogo con él, según las instrucciones dadas entre paréntesis.

Modelo: *(Ask his name and give yours.)*
¿Cómo te llamas tú? Yo me llamo....

MANOLO: Me presento. Soy Manuel Sánchez. Soy un estudiante nuevo. Mi familia y yo acabamos de mudarnos de Bogotá, Colombia.

1. *(Express your pleasure at meeting him and introduce yourself.)*

Mucho gusto en conocerte. Soy...._____

MANOLO: Todos mis amigos me dicen Manolo. ¿Tienes un apodo?

2. *(Respond appropriately, giving your nickname if you have one.)*

Sí/No, (no) tengo un apodo. (Me dicen....)_____

MANOLO: Soy estudiante de tercer año. ¿Y tú?

3. *(Explain that you also are a third year student.)*

Yo también soy estudiante de tercer año._____

MANOLO: ¡No me digas!

4. *(Explain that it is very late and that you have to go. Ask for his telephone number.)*

Mira, es tardísimo y tengo que irme. Hablamos después.

¿Cuál es tu teléfono?_____

MANOLO: 978-3408. ¿Nos vemos luego?

5. *(Say yes, that you will see him around.)*

Sí, te veo por ahí._____

3 Falta el verbo

Completar las frases siguientes es la tarea de español de Alfredo; pero para él los verbos son muy difíciles. Ayúdelo, escribiendo el presente del verbo apropiado de la lista siguiente. Use cada verbo solamente una vez.

ser	conocer	jugar	decir
sentir	oír	dormir	volver
tener	venir	caerse	pedir

Modelo: En el otoño Lorena _____ juega _____ al vólibol.

1. El maestro de biología se enoja con Juan porque él _____ duerme _____ en clase.

2. _____ Oigo _____ la radio mientras hago mi tarea. No importa porque saco buenas calificaciones.

3. ¡Qué buen atleta es Andrés! Durante el año escolar él _____ juega _____ al fútbol americano, al baloncesto y al béisbol.

4. A Enrique le gustan las hamburguesas. Siempre las _____ pide _____ cuando salimos a comer.

5. Mi día escolar es largo, no _____ vuelvo _____ a casa hasta las cinco y media.

6. ¿Es la hora de comer? Yo _____ tengo _____ mucha hambre porque no desayuné esta mañana.

7. ¡Odio el invierno! Siempre _____ me caigo _____ cuando camino por el hielo.

8. ¡Qué entremetida (busybody) _____ es _____ nuestra vecina! Siempre quiere saber lo que hacemos.

9. Mi nombre es Alejandra pero me _____ dicen _____ Ale.

10. Susana, me pareces un poco pálida. ¿Te _____ sientes _____ mal?

11. No, no puedo ir a tu casa. ¿Por qué no _____ vienes _____ tú a la mía?

12. ¿Quién es ese hombre tan bien parecido (good looking)? Yo no lo _____ conozco _____.

4 ¿Cada cuánto lo hace?

Hacemos algunas cosas con frecuencia y otras con menos frecuencia. Escriba cinco frases lógicas, combinando expresiones de las columnas **A**, **B** y **C** para que se aplique *(applies)* a Ud. Use el sujeto *yo*.

Modelo: (Yo) Siempre obedezco cuando hay trabajo para hacer.

A	B	C
siempre	convencer	ayuda a profesores substitutos
nunca	merecer	cuando hay trabajo para hacer
de vez en cuando	desaparecer	a mi madre dejarme conducir su coche
a veces	obedecer	el castigo que me dan mis padres
	ofrecer	rápidamente
	conducir	a mis profesores
		por encima de la velocidad máxima
		a mi hermanito de no molestarme
		compartir mi almuerzo con mis amigos

Possible answers:

Siempre/Nunca convenzo a mi madre de dejarme conducir su coche.

A veces merezco el castigo que me dan mis padres.

De vez en cuando/Siempre desaparezco cuando hay trabajo para hacer.

Siempre/Nunca obedezco a mis profesores substitutos.

Siempre/Nunca les ofrezco ayuda a los profesores substitutos.

Siempre/Nunca conduzco rápidamente.

Nunca/De vez en cuando conduzco por encima de la velocidad máxima.

Nunca/A veces convenzo a mi hermanito de no molestarme.

Siempre/De vez en cuando ofrezco compartir mi almuerzo con mis amigos.

5 Una subscripción

Imagínese que es español o española y que se ha mudado a Colombia. Quiere leer un periódico de España. Complete Ud. el siguiente formulario para recibir su subscripción a la edición internacional de *El País*.

Answers will vary.

EL PAIS

EDICIÓN INTERNACIONAL

Suscripción a EL PAIS, Edición Internacional (marque con una equis lo que le interese), por un periodo de:

☐ 1 año (52 números) 50 $USA   ☐ 6 meses (26 números) 26 $USA   ☐ 3 meses (13 números) 13 $USA

NOMBRE Y APELLIDOS

DIRECCIÓN   CIUDAD   D. POSTAL

PROVINCIA, DEPARTAMENTO O ESTADO   PAIS   EDAD   PROFESIÓN

Forma de pago: Los precios en dólares — o su contravalor en pesetas a la fecha de remisión de este boletín — son iguales para cualquier pais del mundo. Es imprescindible la recepción del pago para formalizar la suscripción.

☐ Por talón bancario o giro postal a la orden de PRISA (Miguel Yuste, 40. Madrid-17).
☐ Con cargo a mi tarjeta: **American Express**
                          Visa Internacional
                          Master Charge Internacional
                          Fecha de caducidad _____

FIRMA (LA MISMA DE LA TARJETA)

6 El fin de semana

Escriba cinco o seis frases diciendo lo que Ud. va a hacer este fin de semana, incluyendo respuestas a las siguientes preguntas: *¿adónde va a ir? ¿con quién? ¿qué trabajo va a hacer? y ¿qué no va a hacer?*

Modelo: Este fin de semana voy a ir de compras con mi hermana.

Answers will vary.

ir de compras
limpiar el cuarto
~~tarea~~ jugar al fútbol
visitar tía
ir al cine
almorzar con Ramiro

_____
_____
_____
_____
_____
_____
_____
_____
_____

7 Sugerencias

Lea las situaciones a la izquierda. Escoja una sugerencia apropiada de la lista a la derecha y escriba su letra en el espacio.

___E___ 1. Ud. y su amigo tienen hambre.

___D___ 2. Ud. y sus amigos están aburridos.

___A___ 3. Ud. y su hermano esperan que su madre les deje salir con sus amigos mañana por la noche.

___C___ 4. Ud. toma una clase de violín y su primo toma una de piano.

___F___ 5. Una amiga suya y de Carlos cumple dieciséis años la semana próxima.

___B___ 6. Una señora vieja lleva dos bolsos muy pesados.

A. ¿Limpiamos nuestro cuarto?

B. ¿Le ayudamos?

C. ¿Hacemos un dúo?

D. ¿Vamos al cine?

E. ¿Comemos?

F. ¿Le hacemos una fiesta?

8 Sugiera o pida permiso

Ud. está en la clase del Sr. Traveras, el maestro más estricto del colegio, y nunca hace nada sin pedir permiso. Las frases siguientes se refieren a una situación de la clase. Haga una sugerencia o pida permiso, usando las indicaciones.

Modelo: Hace mucho calor en el salón. (abrir la ventana)
Sr. Traveras, ¿abro (puedo abrir) la ventana?

1. Está muy oscuro. (encender las luces)
Sr. Traveras, ¿enciendo (puedo encender) las luces?

2. Ud. no entiende la lección hoy. (hacerle una pregunta)
Sr. Traveras, ¿le hago (puedo hacerle) una pregunta?

3. Ud. y otros de la clase no tuvieron bastante tiempo para terminar un examen. (trabajar unos minutos más)
Sr. Traveras, ¿trabajamos (podemos trabajar) unos minutos más?

4. Su lápiz no escribe. (sacar punta al lápiz)
Sr. Traveras, ¿saco (puedo sacar) punta al lápiz?

5. Hace frío en el salón. (cerrar la ventana)
Sr. Traveras, ¿cierro (puedo cerrar) la ventana?

6. El no recogió las tareas de Uds. (entregar nuestras tareas)
Sr. Traveras, ¿entregamos (podemos entregar) nuestras tareas?

Lección 2

1 Información incorrecta

Las siguientes frases tratan de Ernesto Trueba Campuzano de la Lección 2 de *Somos así 3*. Si la frase es correcta, escriba una **C** en la línea en blanco; si es falsa, escriba una **F** y corrija la frase.

pariente lejano

Modelo: __F__ Un ~~familiar cercano~~ de Ernesto es actor.
              ^

__C__ 1. Ernesto prepara un casete para enviárselo a sus amigos estadounidenses.

no los conoce personalmente; son nuevos amigos por correspondencia.

__F__ 2. Ernesto ~~conoce personalmente a estos amigos.~~
              ^

__C__ 3. Todos los familiares de Ernesto vienen de la capital de México.

Durante los fines de semana

__F__ 4. ~~Durante la semana~~ Ernesto trabaja de cajero en un restaurante.
                              ^

Un pariente lejano

__F__ 5. ~~El primo de Ernesto~~ es músico y actor.
                      ^

__C__ 6. Ernesto juega bastante bien al tenis.

__C__ 7. El es aficionado al fútbol americano.

fútbol americano

__F__ 8. Los mexicanos ven los partidos de ~~básquetbol~~ por la tele todas las semanas.
                                            ^

__C__ 9. En fútbol americano, el equipo preferido de Ernesto es el de los Cargadores de San Diego.

2 ¿Qué quiere decir?

Raúl tiene que identificar cognados falsos para su tarea de español. Ayúdele, completando cada espacio en blanco con la palabra apropiada del cuadro de abajo.

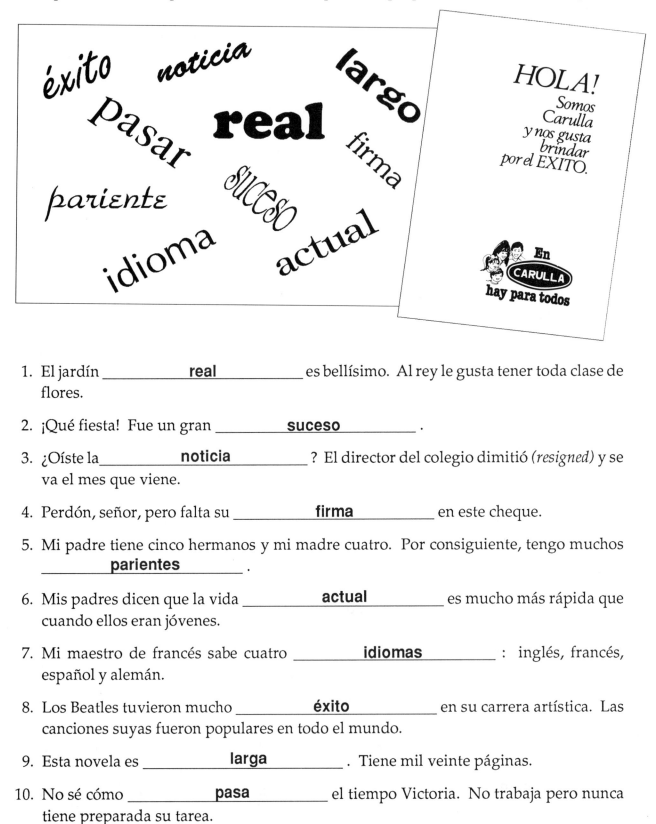

1. El jardín _____**real**_____ es bellísimo. Al rey le gusta tener toda clase de flores.

2. ¡Qué fiesta! Fue un gran _____**suceso**_____ .

3. ¿Oíste la_____**noticia**_____? El director del colegio dimitió (*resigned*) y se va el mes que viene.

4. Perdón, señor, pero falta su _____**firma**_____ en este cheque.

5. Mi padre tiene cinco hermanos y mi madre cuatro. Por consiguiente, tengo muchos _____**parientes**_____ .

6. Mis padres dicen que la vida _____**actual**_____ es mucho más rápida que cuando ellos eran jóvenes.

7. Mi maestro de francés sabe cuatro _____**idiomas**_____ : inglés, francés, español y alemán.

8. Los Beatles tuvieron mucho _____**éxito**_____ en su carrera artística. Las canciones suyas fueron populares en todo el mundo.

9. Esta novela es _____**larga**_____ . Tiene mil veinte páginas.

10. No sé cómo _____**pasa**_____ el tiempo Victoria. No trabaja pero nunca tiene preparada su tarea.

3 ¿Puede Ud. adivinar?

Complete los espacios con los cognados correspondientes.

inglés	español
realist	realista
invitation	invitación
conversation	conversación
situation	**situación**
quality	calidad
personality	**personalidad**
idealist	idealista
materialist	**materialista**
religious	religioso
ambitious	**ambicioso**
independent	independiente
agent	**agente**

4 Entrevista con un atleta

Imagínese que Ud. es periodista y tiene que entrevistar a su atleta favorito. Por eso, Ud. quiere escribir una lista de preguntas para hacerle, pero le faltan las expresiones interrogativas. Escríbalas, usando la forma apropiada de *¿qué?*, *¿cuál?*, *¿cómo?*, *¿quién*, *¿cuándo?*, *¿cuánto?*, *¿dónde?* y *¿por qué?*

Modelo: ¿ __Cuándo__ empezó Ud. a competir?

1. ¿De __dónde__ es Ud.?

2. ¿ __Dónde__ vive Ud.?

3. ¿ __Cuántos__ años tiene Ud. y por cuántos años más espera competir?

4. ¿Quiénes y __cómo__ son sus compañeros de equipo?

5. ¿ __Qué__ hace Ud. cuando no tiene práctica ni partidos?

6. ¿ __Cuál__ es su pasatiempo favorito?

7. Yo leí que a Ud. le gusta viajar. ¿ __Adónde__ viaja Ud.?

8. ¿ __Cuándo__ tiene tiempo para descansar?

9. En su opinión, ¿ __por qué__ los deportes son tan importantes en nuestra sociedad?

5 ¡Qué preguntona!

Pablo tiene una vecina nueva que es muy preguntona *(inquisitive)*. Siempre le hace muchas preguntas. Complete cada pregunta suya con *¿qué?* o la forma correcta de *¿cuál?*

Modelo: Te vi anoche en el centro.
_____¿Qué_____ hacías?

¿Cuál? *¿Qué?*

1. Sé que tu padre es ingeniero pero ¿ _____**qué**_____ es tu madre?

2. ¿ _____**Cuál**_____ de tus hermanas es mayor?

3. ¿A _____**qué**_____ colegios asisten?

4. ¿ _____**Cuál**_____ es tu materia favorita en el colegio?

5. Tienes dos perros, ¿no? ¿ _____**cuál**_____ te gusta más?

6. ¿ _____**Qué**_____ hace nuestro vecino, el Sr. Pérez? Trabaja para el gobierno, ¿no?

7. A propósito, ¿de _____**qué**_____ tipo es el Restaurante Sánchez? ¿Sirve comida internacional o solamente platos hispánicos?

6 Por favor, ¡no me interrumpas!

Nidia, la buena amiga de Mirta, nunca le permite terminar una frase. Siempre la interrumpe. Haga el papel de Nidia, escogiendo la expresión lógica de la lista de abajo para completar cada frase.

dentista	tenista	cantante	beisbolista	dependiente
cocinera	jugador	camarero	artista	

Modelo: Me duele un diente.
Necesito ver a mi ____dentista____.

1. En mi casa comemos comidas deliciosas. Mi madre es una buena _____**cocinera**_____.

2. Mi hermano trabaja en el Restaurante Collazo. Es _____**camarero**_____.

3. Picasso fue un célebre _____**artista**_____.

4. En nuestro equipo de baloncesto, Felipe es el mejor _____**jugador**_____.

5. Babe Ruth fue _____**beisbolista**_____.

6. Me gusta la música de John Lennon. En los sesenta fue _____**cantante**_____.

7. Tengo una raqueta nueva. Es igual a la que usaba Guillermo Vilas. El es de Argentina y era _____**tenista**_____.

8. Mi cuñada trabaja en la tienda El Corte Inglés.
Es_____**dependiente**_____.

El Corte Inglés

7 Composición

Todos los miembros de una familia tienen cualidades positivas y negativas. Escriba una composición corta sobre su familia, contestando las siguientes preguntas: *¿Quién es divertido o pesado? ¿Quién es el más cariñoso? ¿Hay alguien muy exigente? ¿Tiene algún hermano perezoso? ¿Y tiene uno mentiroso? ¿A quién le gusta más hacer bromas? ¿Hay alguien muy tímido en su familia? ¿Quién es la persona más amable? ¿Y quién es la más sincera? ¿Hay alguien egoísta?*

Modelo: En mi familia todos son muy diferentes. Mi hermano mayor siempre hace bromas pero mi hermanita es muy tímida. Mi abuela es la más cariñosa....

Answers will vary.

_____

_____

_____

_____

_____

_____

_____

_____

_____

_____

_____

_____

_____

_____

_____

_____

_____

_____

_____

_____

8 Bosco le escribe a Juliana

Bosco es un muchacho español que hace algunos meses conoció a Juliana en un viaje por Estados Unidos. Desde entonces son amigos y mantienen una correspondencia permanente. Ahora Bosco le escribe desde Francia donde fue a pasar unos días. Pero Juliana tiene problemas con esta carta, pues es bastante original. Ayúdela a completarla con lo que sabe sobre los artículos indefinidos.

Modelo: Mi madre es _una_ artista y mi padre es __—__ ingeniero.

París, 24 de febrero

Querida Juliana,

*Esta es (1) __una__ carta diferente porque son solamente
(2) __—__ líneas para ayudarte a practicar tu español.
Como ves, hay (3) __—__ blancos para que los llenes
usando artículos indefinidos cuando los necesites.
En (4) __unas__ semanas te voy a escribir otra sin
(5) __—__ blancos, (6) __una__ carta normal.
Te escribo desde París, (7) __una__ ciudad increíble.
Aquí hay (8) __un__ clima maravilloso y no
tengo (9) __—__ tiempo para aburrirme. Voy a regresar
mañana a Barcelona, en (10) __—__ tren, con
(11) __unos__ amigos. Elena es (12) __una__ estudiante
de arquitectura y Juanjo y Mercedes trabajan en
(13) __un__ banco y están de vacaciones.*

*Bueno, diviértete. Envío (14) __—__ cariños para ti
y para tu familia. (15) __Un__ abrazo.*

Bosco

Lección 3

1 ¿Cómo convencerte?

Julio está tratando de convencer a su amiga Marta para salir con un primo suyo que está de visita en su casa. Complete las siguientes frases con la forma apropiada de *ser* o *estar*.

Modelos: ¿Por qué _____estás_____ tan preocupado?
El _____es_____ muy inteligente.

JULIO: Marta, mi primo José *(1)*_____**está**_____ en mi casa, de visita.

¿Quieres salir con él?

MARTA: Antes de contestar, vamos a ver, ¿cómo *(2)*_____**es**_____ él?

JULIO: *(3)*_____**Es**_____ guapísimo, *(4)*_____**es**_____

muy extrovertido y tiene mucha personalidad.

MARTA: ¿Por cuánto tiempo *(5)*_____**está**_____ aquí?

JULIO: Por dos semanas. Yo *(6)*_____**estoy**_____ seguro que

después de conocerlo, vas a *(7)*_____**estar**_____ de acuerdo

conmigo que *(8)*_____**es**_____ excelente. Realmente

*(9)*_____**es**_____ una idea fantástica que salgas con él.

MARTA: ¡No me digas! ¿Cuándo piensas salir? ¿Tú sales con Alicia, no?

JULIO: ¡Cómo no! Va a *(10)*_____**ser**_____ muy divertido. Pero no

podemos salir esta noche porque José *(11)*_____**está**_____

ocupado. El *(12)*_____**está**_____ comprometido a visitar a

otros parientes.

MARTA: Vale. ¿Mañana, entonces?

JULIO: Perfecto. Te llamo mañana por la mañana para confirmar.

MARTA: *(13)*_____**Está**_____ bien. Hasta luego.

2 ¿Cuáles van juntos?

Escoja expresiones de la lista de la derecha para complementar lógicamente las expresiones de la lista de la izquierda.

__B__ 1. Ignacio, ¿por qué no estás listo?

__D__ 2. ¡Qué aburrido es Luis!

__F__ 3. Marisol está muy orgullosa.

__E__ 4. Diego está muy aburrido.

__C__ 5. Josefina es muy lista.

__A__ 6. Manuel es demasiado arrogante.

A. Cree que nunca está equivocado.

B. No hay prisa, la reunión empieza a las dos en punto.

C. Nunca tiene que estudiar.

D. Nunca dice nada.

E. Todos sus amigos están de vacaciones y no hay nada que hacer.

F. Sacó calificaciones excelentes en todos sus exámenes.

3 ¡Pobre Carlos!

Carlos está hablando pero Rosita lo corrige continuamente o añade cosas a lo que él dice. Haga el papel de Rosita, completando las frases con la forma apropiada del adjetivo indicado en letra bastardilla.

Modelo: El papá de José es *italiano*.
No, su madre es _____ italiana _____.

CARLOS: Juan es *francés*....

ROSITA: Sí, y Ana es (1)_____ **francesa** _____ también.

CARLOS: Lorenzo y Pepe son *rubios*.

ROSITA: Realmente, no. Solamente Pepe es (2)_____ **rubio** _____.

CARLOS: Ana parece *boba*, ¿no?

ROSITA: No, pero sus hermanos, Jaime y Federico, sí parecen

(3)_____ **bobos** _____.

CARLOS: Agustín es *chismoso* y....

ROSITA: Sí, pero su hermana Gloria es más (4)_____ **chismosa** _____.

CARLOS: Ester es la más *simpática*.

ROSITA: No estoy de acuerdo. Las otras chicas de la clase son más

(5)_____ **simpáticas** _____.

4 ¿Cuál no pertenece?

Estos grupos de palabras se refieren a la personalidad o a la apariencia física de una persona. Ponga un círculo alrededor de la palabra que no pertenece a cada grupo.

Modelo: simpático (alto) amable   arrogante

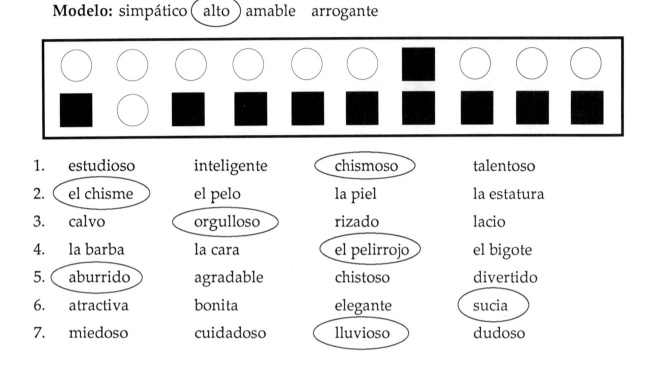

1.	estudioso	inteligente	(chismoso)	talentoso
2.	(el chisme)	el pelo	la piel	la estatura
3.	calvo	(orgulloso)	rizado	lacio
4.	la barba	la cara	(el pelirrojo)	el bigote
5.	(aburrido)	agradable	chistoso	divertido
6.	atractiva	bonita	elegante	(sucia)
7.	miedoso	cuidadoso	(lluvioso)	dudoso

5 Ernesto no sabe qué pasa

Por la mañana . . .

Ernesto va corriendo por el pasillo del colegio cuando ve a Cecilia, la chica nueva que conoció ayer. Deja de correr y se acerca a ella porque quiere hablarle. No tuvo mucho tiempo ayer para conversar con ella porque llegó tarde....

   —¡Hola! ¿A qué clase vas? ¿Puedo caminar contigo?

   La joven lo mira como si fuera loco y le responde:—No, gracias. Prefiero ir sola. Y se va sin decir nada más.

   Perplejo y bastante confundido, porque creía que ella era más amable, Ernesto continúa caminando para ir a su clase.

A la hora de almorzar . . .

Ernesto sale del colegio cuando ve otra vez a Cecilia. Recuerda cómo ella lo saludó esta mañana y decide no decirle nada. Pero esta vez ella se acerca a él con una cara risueña *(smiling)*.

   —¡Hola!, Ernesto. ¿Qué tal? Yo estoy bien.

   Ernesto no entiende por qué ella le habla. Pero le contesta algo y los dos siguen hablando animadamente hasta que Cecilia dice que tiene que volver a casa para llegar temprano. Dice que a su madre no le gusta si la familia llega tarde para el almuerzo.

Por la tarde, después de las clases . . .

Al salir de su salón de clase, Ernesto ve a Cecilia por tercera vez. Pero cuando ella lo ve, su cara cambia. Pone una expresión enojada y empieza a caminar en dirección opuesta. ¡Qué raro! Reacciona como si pensara *(as if she thought)* que él es un poco atrevido *(daring)*. Ernesto piensa que ella es bonita, de ojos azules y grandes, de pelo rubio y largo, pero también piensa que a él no le interesa más. Ella va a tener que cambiar mucho para tenerlo a él como amigo.

Esa noche, antes del partido de fútbol . . .

Ernesto está hablando con un amigo cuando oye una voz detrás suyo.

—¡Hola!, Ernesto. Vamos a ver un partido emocionante, ¿verdad?

¡Era Cecilia!

El pobre Ernesto, ahora completamente confundido y un poco enojado, empieza a preguntarle por qué siempre cambia su reacción cuando lo ve. Pero cuando está empezando a hablar, se acerca otra chica exactamente igual a *(looks exactly like)* Cecilia.

—Aquí viene mi gemela Adela, dice Cecilia. Quiero presentártela. Ella es mucho más reservada que yo, todavía no ha conocido a muchos muchachos y no tiene amigos en el colegio.

De pronto, Ernesto entiende todo.

Comprensión

1. ¿En qué parte del día ve Ernesto a Cecilia?
   Ve a Cecilia por la mañana, antes de clase.

2. ¿Cómo es Cecilia y cómo reacciona cuando Ernesto la conoce?
   Es bonita, de ojos azules y grandes, de pelo rubio y largo. Reacciona
   en forma amable y simpática.

3. ¿Por qué Ernesto decide no hablar con Cecilia?
   Porque una vez que él la ve, ella es muy amable y otra vez ella
   no le dice nada.

4. ¿Qué hace "Cecilia" cuando ve a Ernesto después de clase por la tarde?
   Ella pone cara de estar enojada y se va por la dirección opuesta.

5. ¿Qué entiende Ernesto cuando conoce a Adela, la gemela de Cecilia?
   Entiende que una vez ve a Cecilia y otra vez a Adela, su gemela.

6. Los gemelos que Ud. conoce ¿se parecen mucho?
   Sí/No, (no) se parecen.

Lección 4

1 Titular canciones

Ud. es concursante *(contestant)* del programa de televisión *Titular canciones (Giving titles to songs)*. Para cada título falta por lo menos una palabra. Trate de encontrar los títulos de todas las canciones en dos minutos, usando las claves *(clues)* entre paréntesis.

Modelo: Sin ___ti___. (tú)

1. Estar enamorado de _____**ella**_____ . (ella)

2. Doy mi vida por _____**ti**_____ . (tú)

3. Preocúpate por _____**mí**_____ . (yo)

4. Voy hacia _____**él**_____ . (él)

5. Quiero estar siempre _____**contigo**_____ . (tú)

6. La vida sin _____**ella**_____ . (ella)

7. _____**Me**_____ gustas mucho. (yo)

8. Estoy pensando en _____**ti**_____ . (tú)

9. De _____**mí**_____ a

   _____**ti**_____ . (yo/tú)

10. ¿_____**Te**_____ gusto? (tú)

las 90 latinas

O Y elenco

olímpica stereo
LAS ESTEREOFAVORITAS DE LA SEMANA
*Éxitos en Bogotá

QUINCE AÑOS: GRAN COMBO DE PUERTO RICO

2	Sin ti: Willie Berríos
3	Qué será de mí: Binomio de Oro
4	Papapa: Los Prisioneros
5	Por ella: Sergio Vargas
6	Amigos: Conjunto Chaney
7	Ella quiere salsa: Grupo Clase
8	Pancho Villa: Magazinne 60
9	Tú me haces falta: Eddie Santiago
10	Rap en español: Elemento Creativo
11	Mi Valle del Cauca: Grupo Niche
12	La noche: Joe Arroyo
13	De punta a punta: La Renovación
14	Bruja hechicera: Bonny Cepeda
15	La fruta: Sammy Valente
16	El tva: La Trinca
17	Mascarada: Jhonny y Ray
18	El rey sin ti: Jorge Oñate
19	Juana la cubana: Las Chicas del Can
20	Volveré: Los Caribes

Todos los sábados 12 del día
OLIMPICA ESTEREO 105.9MHZ
Dirección ALBERTO SUAREZ LOPEZ
Animación CESAR JAIMES · WILLIAM VERGARA

KEOPS CLUB PRESENTA
GRUPO NICHE
JUEVES 29 MARZO
COMPRE YA SU BOLETA
2182258 · 2182325
Calle 96 N. 10-54

MAÑANA en KEOPS CLUB
la nueva salsa de
ALFREDO DE LA FE
y su orquesta
reserve ya
2182258

2 ¿Qué le gusta a Ud.?

Complete las frases siguientes según lo que sea verdad para Ud., usando las indicaciones entre paréntesis.

> **Modelo:** Me gustan....(tres tipos de comida)
> Me gustan las frutas, los helados y las langostas.

Answers will vary.

1. Me gusta _____
   _____ . (dos actividades)

2. A mi madre no le importa cuando yo _____
   _____ . (algo que Ud. hace)

3. La idea de viajar a España me parece _____
   _____ . (una emoción)

4. Me disgusta cuando_____
   _____ . (algo que hace un miembro de su familia)

5. Me interesa mucho _____
   _____ . (cualquier actividad, deporte, etc.)

6. A nuestro/a maestro/a de español le molesta cuando nosotros_____
   _____ . (algo que hacen los estudiantes)

7. A mi mejor amigo le encanta _____
   _____ . (un grupo musical)

8. Me fascina_____
   _____ . (un programa de televisión)

3 ¿Qué películas recuerda?   **Answers will vary.**

Dé un ejemplo por cada uno de los siguientes tipos de película. Siga el modelo.

_____Star Wars_____	1. ciencia-ficción
_____	2. cómica
_____	3. musical
_____	4. de terror
_____	5. de amor
_____	6. de aventuras
_____	7. de vaqueros
_____	8. policiaca

Hoy regreso triunfal
Exclusivo CINEMA 4
M.V.N. Todos.

HARRISON FORD - SEAN CONNERY

Ganadora del premio Oscar de la academia

INDIANA JONES
y la ULTIMA CRUZADA

4 Repaso de vocabulario

Llene los espacios en blanco en forma lógica, usando cada una de las siguientes palabras.

disgusta	costarricense	palomitas de maíz
policiacas	acomodadora	poner
argumento	apodo	fastidiar
subtítulos		

Modelo: Me ___disgusta___ cuando tú vas al cine y no me invitas.

1. Marco tiene ___apodo___; le dicen Pecoso porque tiene muchas pecas.

2. A Jairo le gusta ___fastidiar___ a su hermana, en especial cuando sale por las noches.

3. Flora trabaja en el cine que está en el centro. Ella es la ___acomodadora___.

4. A Raquel y a mí nos disgustó el ___argumento___ de la película que vimos ayer.

5. Porque me fascinan los misterios, prefiero películas ___policiacas___.

6. A Mónica lo que más le encanta cuando va al cine es comer ___palomitas de maíz___.

7. No sé de dónde es Chabela, pero tal vez es ___costarricense___. Tiene parientes en San José.

8. Mi hermanito me ___disgusta___. Siempre viene a mi cuarto y prende el televisor cuando estoy estudiando.

9. A Olga le fascina ___poner___ el radio todas las mañanas mientras se baña.

10. A Javier no le gusta mucho leer los ___subtítulos___ que aparecen en las películas extranjeras.

5 Elisa y Alberto se conocen

Elisa Delgado es una estudiante nueva del segundo año de secundaria en un Colegio de Gutiérrez, México. Es de Mérida, México, pero tiene parientes en Gutiérrez. Su familia se mudó porque su padre, que es arquitecto, ahora trabaja con una compañía diferente. Su madre enseña química en otro colegio. Sus hermanos, Eva, de doce años, y Antonio, de diez años, siempre la molestan, pero eso siempre ocurre cuando se tiene hermanitos, ¿no?

A Elisa le gustan sus clases, especialmente la de matemáticas, que es facilísima para ella. Solamente encuentra difícil la de inglés. Por eso tiene que preparar las tareas para esa clase sin escuchar el radio. Pero cuando lo escucha le encanta la música de Los Vagabundos, un conjunto de Perú. Nunca va a conciertos porque tiene miedo de las muchedumbres (*crowds*). Prefiere ir al cine con amigos. Le fascinan las películas policiacas. No le gustan mucho los deportes pero es aficionada al fútbol y al tenis.

Está mañana Elisa conoció a Alberto García. Tenían el siguiente diálogo mientras que caminaban a sus casas. Haga el papel de Elisa, completando el diálogo con Alberto, basandose en la información del texto anterior.

ALBERTO: Nosotros somos seis. Tengo tres hermanos, todos mayores que yo. Se llaman Mateo, Leonardo y Benito. ¿Y cómo es tu familia?

ELISA: **En mi familia somos cinco. Tengo una hermanita, Eva, que tiene doce años, y un hermanito, Antonio, que tiene diez años.**

ALBERTO: Mi madre no trabaja fuera de la casa, pero con todos nosotros ella tiene suficiente trabajo. ¿Qué hace tu mamá?

ELISA: **Mi madre es profesora de química.**

ALBERTO: ¡Ay!, ¡no me digas! Odio la química. Es mi clase más difícil.

ELISA: **Mi clase más difícil es la de inglés y la más fácil es la de matemáticas.**

ALBERTO: Es difícil aprender mucho escuchando la radio mientras estudio. Pero... ¿Te gusta el conjunto Las Curitas?

ELISA: **Sí, bastante, pero mi conjunto favorito son Los Vagabundos.**

ALBERTO: Es divertidísimo ir a un concierto con amigos, ¿no?

ELISA: **No, no voy a conciertos porque tengo miedo de las muchedumbres. Prefiero ir al cine con dos o tres amigos.**

ALBERTO: ¿Qué clase de película te gusta más?

ELISA: **Las policiacas.**

ALBERTO: Son buenas, pero me interesan más las de ciencia-ficción. Y soy aficionado al fútbol. No juego porque soy miembro del equipo de tenis, pero veo los partidos por la tele.

ELISA: **Yo también soy aficionada al fútbol y al tenis.**

ALBERTO: Tal vez podemos jugar al tenis el sábado. Mira, ésa es tu casa, ¿no?

ELISA: **Sí, vivo aquí.**

ALBERTO: Te veo mañana. Adiós.

ELISA: **Bueno, adiós.**

S

J

J

... le enero de 1853. A los ... na de revolucionarios ... culos sobre la necesidad ... eso, cuando tenía apenas ... por las autoridades.

... ontinuó desarrollando ... cubanos y para organizar ... culos y poemas, siempre ... ción de espíritus entre los ... libertad. Su preocupación ... u vocación de docente ... mensual para niños, ... 1889; estaba totalmente ... cuentos, artículos sobre ... famosos, como *La Ilíada*, ... nte cuatro meses, hasta

Durante este período de exilio publicó también sus más famosos libros de poesía, *Ismaelillo*, dedicado a su hijo y *Versos sencillos*. Ambos libros lo han convertido en uno de los poetas más importantes de la literatura hispánica de todos los tiempos. Junto al nicaragüense Rubén Darío, se le considera el más famoso poeta del movimiento literario conocido como Modernismo.

Martí regresó a Cuba con un grupo de revolucionarios en abril de 1895 y se incorporó inmediatamente a la lucha independentista. Pero fue muerto meses después, en la batalla de Dos Ríos, con la cual comenzó la última etapa de la independencia, obtenida finalmente en 1898.

Preguntas

1. ¿Qué decidió hacer Martí cuando tenía quince años y para qué?

   Decidió afiliarse a una organización de revolucionarios para luchar por la independiencia de su país, Cuba.

2. ¿Qué le ocurrió al año siguiente, y cuál fue el motivo?

   Fue puesto en prisión y enviado al exilio por su actividad independentista.

   _____

   _____

3. ¿En qué ciudad de Estados Unidos vivió una época de actividad muy intensa, y qué buscaba?

   En Nueva York trabajó para unir a los rebeldes cubanos y organizar la lucha

   en su país.

   _____

4. ¿Cómo sabemos que Martí amaba mucho a los niños?

   Porque escribió y publicó una revista dedicada a los niños.

   _____

5. ¿Qué significa, o a qué se refiere, el nombre de la revista *La Edad de Oro*?

   El nombre *La Edad de Oro* se refiere a la niñez, que Martí considera

   como muy valiosa.

   _____

6. ¿Recuerda por qué el nombre de Martí está relacionado al del nicaragüense Rubén Darío?

   Ambos son los poetas más importantes del Modernismo.

   _____

   _____

7. ¿En qué circunstancias murió Martí?

   Murió en un combate después de regresar a su patria.

   _____

   _____

8. ¿Qué podría Ud. decir sobre qué nos enseñó su vida?

   Nos enseña el valor del amor a los niños y de la lucha por la libertad y el

   amor a la patria. También que un poeta puede ser un intelectual y al

   mismo tiempo un hombre de acción.

   _____

   _____

Lección 5

1 **Enrique se queja**

Enrique habla con sus padres y se queja del conflicto familiar que hay con el baño. Ayúdelo a recordar lo que pasó, ordenando las frases siguientes y poniendo el número de la secuencia en los espacios en blanco.

___6___ a. Después de sacar su ropa, Enrique vuelve al baño.

___1___ b. Enrique le pregunta a Laura si ella todavía está en el baño.

___7___ c. Enrique llega al baño y ahí encuentra a Sonia.

___4___ d. Enrique se enfada y dice que la situación le molesta.

___9___ e. Enrique decide lavarse la cara en la cocina para no llegar tarde a la escuela.

___11___ f. Casi a las ocho, Enrique se viste y sale de la casa con mucha prisa.

___5___ g. Enrique regresa a su cuarto y saca la ropa que va a necesitar.

___8___ h. Rosita quiere entrar en el baño antes que Enrique, para ponerse los lentes de contacto.

___10___ i. Las hermanas de Enrique se van y dejan el baño en completo desorden.

___2___ j. Laura le dice a Enrique que sólo necesita cinco minutos para secarse el pelo.

___3___ k. Laura le pide una toalla a Enrique.

2 **¡Ay! Se me olvidó....**

Sonia, la hermana de Enrique, y sus compañeros de clase hacen un viaje estudiantil. En el hotel muchos descubren que olvidaron cosas que necesitan y las tienen que pedir a otros. Complete lógicamente estos diálogos para indicar lo que cada persona necesita.

Modelo: CATALINA: Margarita, quiero pintarme los labios.
¿Me prestas tu _____lápiz de labios_____? Olvidé el mío.

VICENTE: ¡Ay! Casi tengo barba. Mejor me afeito. Daniel, ¿me prestas tu
_____**máquina de afeitar**_____? Olvidé la mía.

DANIEL: ¡Cómo no! ¿Puedo usar tu_____**champú**_____? Necesito lavarme el pelo y no tengo más.

BERTA: Pilar, ¿tienes un _____**peine**_____ y un _____**espejo**_____ para prestarme? Quiero mirarme y arreglarme el pelo.

PILAR: Sí, aquí tienes. Y yo tengo mi cepillo de dientes pero no tengo _____**pasta de dientes**_____. ¿Me prestas la tuya?

AMELIA: ¡Ay! ¡No puedo creerlo! Acabo de lavarme la cabeza pero no tengo mi _____**secador**_____. Susana, ¿trajiste el tuyo?

SUSANA: Sí, puedes secártelo muy rápido con el mío. Y tú, ¿tienes _____**esmalte de uñas**_____? Quiero pintármelas.

EDMUNDO: Juan, ¿sabes que aquí no hay _____**jabón**_____? ¿Cómo podemos bañarnos sin él? Tenemos que pedirlo prestado.

JUAN: Tienes razón. Yo también necesito pedir prestada una _____**tijera**_____. Quiero cortarme un poquito el pelo.

3 ¿Qué palabra corresponde?

Lea las siguientes oraciones y llene los espacios en blanco con el infinitivo correcto de la lista. No olvide cambiar el pronombre reflexivo, si es necesario. Use cada infinitivo solamente una vez.

levantarse	abrocharse	dormirse
enojarse	vestirse	preocuparse
divertirse	sentarse	apurarse
alegrarse		

Modelo: ¿A qué hora prefieres ___levantarte___ los sábados y los domingos?

1. Debo _____**vestirme**_____ pronto. Tengo que salir en diez minutos y todavía estoy en mis pijamas.

2. ¡Mi pobre madre! Yo voy a ir a España como estudiante de intercambio y ella va a _____**preocuparse**_____ mucho.

3. Cuando Ud. está en el carro del Sr. Alvarez, siempre tiene que _____**abrocharse**_____el cinturón de seguridad.

4. Saqué muy buenas notas en todas mis clases. Mis padres van a
   _____ **alegrarse** _____ .

5. Durante el año escolar necesito _____ **levantarme** _____ a las seis de la mañana.

6. Esta noche es la fiesta de Leonor. Vamos a _____ **divertirnos** _____ mucho.

7. Me duelen los pies. Quiero _____ **sentarme** _____ en ese banco algunos
   minutos antes de seguir caminando.

8. ¡Mira el reloj! Ya casi son las seis. Tienes que _____ **apurarte** _____ para no
   llegar tarde a casa.

9. La Sra. Domínguez va a _____ **enojarse** _____ porque no tengo mi proyecto
   listo todavía.

10. ¡Qué cansado estoy! Voy a tratar de no _____ **dormirme** _____ mientras
    miramos la película.

4 La rutina escolar diaria
Conteste las siguientes preguntas para decir cómo es su rutina diaria durante el año
escolar.

   Modelo: ¿Se baña por la mañana o por la noche?
   Me baño por la noche.

   Answers will vary.

1. ¿A qué hora se despierta Ud.?

   _____

   _____

2. ¿Se levanta en seguida? Si no, ¿a qué hora se levanta?

   _____

   _____

3. ¿Cuándo desayuna, antes de vestirse o después?

   _____

   _____

4. ¿Cuántos minutos necesita para afeitarse o maquillarse?

   _____

   _____

5. ¿A qué hora sale de la casa?

_____

_____

6. ¿Usualmente, tiene Ud. que apurarse para llegar a clase a tiempo?

_____

_____

7. Durante el día, ¿qué es lo que más le gusta hacer? ¿Cuándo se enoja? ¿Cuándo se alegra?

_____

_____

8. ¿Se divierte o se duerme en clase?

_____

_____

9. ¿A qué hora se acuesta Ud.?

_____

_____

10. ¿Se duerme en seguida?

_____

_____

5 Los dolores de los pies

Lea el anuncio comercial a la derecha y conteste las siguientes preguntas.

Modelo: ¿Cómo están los pies cuando una persona decide usar Saltratos?
Los pies están cansados y ardiendo (*burning*).

1. ¿Cuándo se usa este producto?
Se usa después de días largos, en los que no se tiene mucho tiempo para descansar.

2. ¿Por qué razones se usa Saltratos?
Se usa Saltratos cuando los pies están ardiendo y cuando necesitan descansar.

3. ¿Cuáles son los ingredientes del producto?

   El producto contiene manzanilla e hipérico (extractos vegetales).

4. ¿Qué hace Saltratos para mejorar los dolores de los pies?

   Saltratos estimula la circulación sanguínea y ofrece un alivio rápido

   para los pies fatigados.

5. ¿Dónde se puede comprar Saltratos?

   Se puede comprar en una farmacia.

6 **Acciones mutuas**

Escriba las formas recíprocas de los infinitivos entre paréntesis, conjugando los verbos en el presente del indicativo.

Modelo: _____ Se aman _____ . (amar)

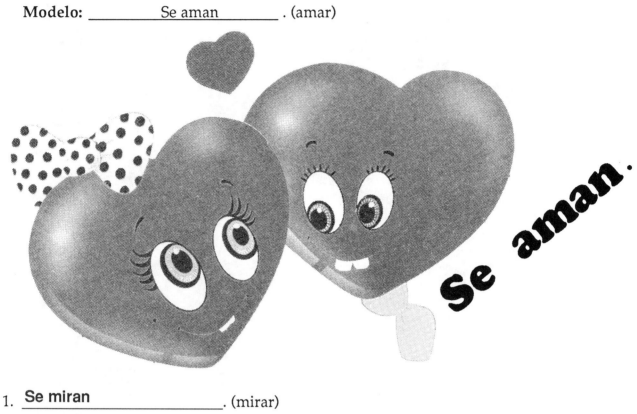

Se aman.

1. **Se miran** _____ . (mirar)

2. **Se sonríen** _____ . (sonreír)

3. **Se besan** _____ . (besar)

4. **Se llaman** _____ . (llamar)

5. **Se abrazan** _____ . (abrazar)

6. **Se extrañan** _____ . (extrañar)

7. **Se saludan** _____ . (saludar)

8. **Se escriben** _____ . (escribir)

9. **Se conocen** _____ . (conocer)

10. **Se recuerdan** _____ . (recordar)

Lección 6

1 Más sobre Mario

Mario nos dice algunas cosas de sí mismo y entendemos otras sin que él nos las diga. Lea las siguientes frases sobre Mario y su horario de la Lección 6 de *Somos así 3*. Escriba **C**, si es cierto o **F** si es falso.

Modelo: _F_ Mario no vive muy cerca de su colegio.

___C___ 1. Pepe es muy amigo de Mario.

___C___ 2. Mario es amable.

___F___ 3. En el pasado, Mario jamás llegó tarde a clase.

___C___ 4. Mario jugó al vólibol el año pasado.

___F___ 5. Probablemente Mario es pesimista.

___C___ 6. Tiene la clase de su profesora favorita por la mañana, enseguida después de entrar.

___C___ 7. Probablemente tiene un año más en el colegio, después de éste.

2 ¿Qué hace cada uno?

Escriba oraciones, describiendo las acciones de Carolina, Raúl y Mario del diálogo *El primer capítulo de un romance*. Use elementos de las columnas **A, B, C** y también de **D**, si es necesario. Escriba por lo menos dos frases sobre cada estudiante.

A	B	C	D
se	comprar	un bolígrafo	a Carolina
le	pedir	el cuaderno	a Raúl
	faltar	las últimas	a Mario
	prestar	oraciones del	
	dar	dictado	
		otra hoja de papel	

Modelo: Raúl le da las últimas oraciones del dictado a Carolina.

Possible answers:

1. __Carolina se compra un bolígrafo.__

2. __Carolina le pide un bolígrafo a Raúl.__

3. __A Raúl le faltan las últimas oraciones del dictado.__

4. __Raúl le pide el cuaderno a Mario.__

5. __Mario le presta las últimas oraciones del dictado a Raúl.__

6. __Mario le presta otra hoja de papel a Raúl.__

3 Nicolás se porta mal en clase

Nicolás y su maestra están en la oficina del director del colegio. El director le hace preguntas a Nicolás porque la maestra dice que él siempre se porta mal en clase. Nicolás niega casi todo. Haga Ud. el papel de Nicolás. Complete cada frase lógicamente, usando una expresión afirmativa o negativa.

Modelo: DIRECTOR: Siempre haces algo malo en clase, ¿verdad?
NICOLAS: No, señor, ____nunca hago nada____ malo.

DIRECTOR: Frecuentemente molestas en clase, especialmente cuando la Srta. Fernández escribe en la pizarra, ¿no?

NICOLAS: No, señor, le aseguro que _____**no molesto**_____ en clase.

DIRECTOR: ¿No haces nada?

NICOLAS: Exactamente, señor, _____**no hago nada**_____ .

DIRECTOR: Pues, la Srta. Fernández me dice que nunca prestas atención.

NICOLAS: ¡Ay! ¡No, señor! _____**Siempre**_____ presto atención.

DIRECTOR: Y la Srta. Fernández también dice que tiras avioncitos de papel o molestas a tus compañeros todos los días.

NICOLAS: No, señor, _____**nunca**_____ tiro avioncitos de papel

_____**ni**_____ molesto a mis compañeros.

DIRECTOR: ¿No molestas a nadie?

NICOLAS: No, señor, no molesto _____**a nadie**_____ .

DIRECTOR: Ella me cuenta que todavía comes dulces en clase aunque ella te prohibió hacerlo la semana pasada.

NICOLAS: No, señor. La verdad es que comí dulces en clase una vez la semana pasada, pero ya no.

DIRECTOR: ¿No tienes ningún dulce en tu pupitre?

NICOLAS: No, no tengo _____**ninguno**_____ .

DIRECTOR: La Srta. también dice que siempre pones caras raras en clase, mientras ella enseña la lección.

NICOLAS: ¡Ay! No, señor. No pongo _____**ninguna**_____ cara rara.

DIRECTOR: Tú rehúsas (*refuse*) hacer lo que ella te pide, ¿no?

NICOLAS: No, señor, _____**tampoco**_____ rehúso hacer lo que ella me pide.

DIRECTOR: Bueno, ¿sabes lo que pienso?

NICOLAS: Sí, señor, _____**ya sé**_____ lo que piensa.

4 Un artículo especial del periódico

Brian Fuller, un estudiante estadounidense, escribió un artículo especial (*feature article*) para el periódico escolar. El quiere mandarle una copia del artículo a un amigo en Montevideo, Uruguay, pero no sabe escribir los números en español. Ayúdelo, escribiendo el número entre paréntesis en la línea apropiada.

Modelo: El almuerzo cuesta ___noventa___ (90) centavos de dólar.

Lo siguiente es un resumen aproximado de los números que tienen algo que ver con la vida estudiantil. Creo que Uds. los lectores (*readers*) van a estar sorprendidos.

En nuestro colegio, que no es muy grande, hay ___ochocientos veinte___ (820) estudiantes. En la clase del ___tercer___ (3ᵉʳ) año, somos ___ciento sesenta y tres___ (163) alumnos. Hay ___setenta___ (70) profesores: ___treinta y una___ (31) profesoras y ___treinta y nueve___ (39) profesores. En la mayoría de las clases hay como promedio ___veintisiete___ (27) estudiantes. El día escolar está dividido en ___nueve___ (9) clases. Muchos almuerzan durante la ___sexta___ (6a) y tienen que ir a un aula para estudiar durante la ___novena___ (9ª). Me parece que todos los alumnos del mundo tienen que leer y escribir mucho. Por ejemplo, el año pasado, como estudiante del ___segundo___ (2°) año, tuve que leer aproximadamente ___noventa y siete___ (97) capítulos o unidades: ___treinta y tres___ (33) capítulos para la clase de historia universal; ___treinta y ocho___ (38) para la de biología; ___dieciséis___ (16) unidades para la de español y ___diez___ (10) larguísimas para la clase de literatura hispanoamericana. Probablemente leí casi ___dos mil___ (2.000) páginas en total. ¿Y cuánto escribí? Si se consideran las composiciones para las clases de literatura e historia, tanto como las preguntas para las cuales tuve que escribir una contestación completa, ¡me imagino que escribí por lo menos ___quince mil___ (15.000) palabras!

¿Quién dice que la vida estudiantil es facilísima?

5 Sopa de letras

Encuentre nueve palabras que tratan de su vida como estudiante. (Los acentos no están incluidos.) Las palabras están organizadas en forma vertical, horizontal, diagonal y también pueden estar escritas al revés.

```
N Q R I E V T W F A I R A D N U C E S
K V S W Q I G D B T G Y O R B V V H D
F B X A V U I E S C O L A R S E O S U
K Z D L R K W J O L Z I Y M C V E D T
K M N H I U Q V F Q B D O F Q A W A B
G V Q D I J T H Q B E H C A G S H L S
B U L N O I C A M A R G O R P F Z Q R
A M L T Q T L Z N Z G O W D J T O V N
C H W Z O L D I R G A P I F I N H O P
H V T L J H J W I H I T Z G B Y F F B
I S R V H R C H L F A S V F E T Z I T
L I J J N I L U P O P F A X D L V W P
L N A R S T X I J N V J U G Z Z O W P
E R I I G R C A R R E R A S B J E C I
R Z E S U H C S Z R G R N E C C M A L
A W R F V X H B M A K M H Z Z V S A L
T O N I C O K W F G M H O R A R I O V
O W B G E F A D O O E M R O F N I T S
```

Lección 7

1 ¿Qué está pasando?

Complete las siguientes frases con la construcción progresiva, según el diálogo *En casa de los abuelos* de la Lección 7 de *Somos así 3*.

Modelo: Miguelito ____*está jugando*____ con Sansón.

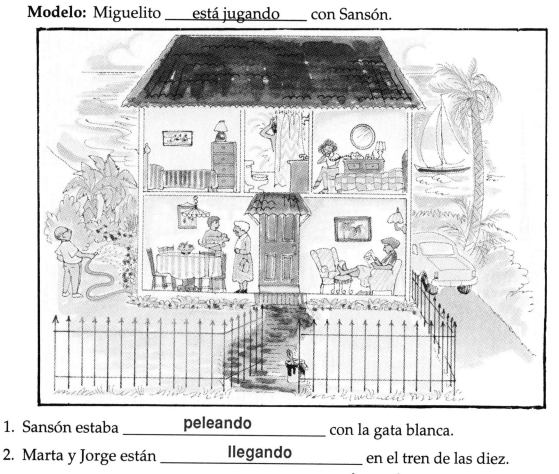

1. Sansón estaba ____**peleando**____ con la gata blanca.

2. Marta y Jorge están ____**llegando**____ en el tren de las diez.

3. Posiblemente la mamá de Miguel está ____**leyendo**____ una revista y su papá se está ____**bañando**____.

4. El abuelo ya no está ____**pintando**____ la cerca, está ____**regando**____ las matas.

5. Miguel no quiere caminar hasta la casa de Carlos porque está ____**haciendo**____ mucho calor.

6. Carlos también está ____**pasando**____ el fin de semana en la playa.

7. Miguel y sus amigos están ____**pensando**____ sacar el bote para ir hasta las islas.

8. Miguel siempre está ____**inventando**____ algo para hacer.

2 **Una semana en la playa**

El siguiente aviso *(advertisement)* es una promoción para pasar una semana en la playa, en el hotel Irotama de Santa Marta, Colombia. Describa por lo menos seis acciones que se muestran en el aviso. Debe usar gerundios.

Modelo: Hay un niño jugando en la playa.

_____

Possible answers:

tocando una guitarra y cantando

jugando al tenis

nadando

montando a caballo

bailando

descansando

tomando el sol

saludando

sirviendo

3 ¿Cómo es su casa?

Imagínese que es estudiante universitario y que ha invitado a un amigo o amiga a venir a su casa para las vacaciones. Descríbale su casa en 6-10 oraciones, usando las siguientes preguntas como ayuda: *¿Cuántos pisos tiene su casa? Si vive en un edificio de apartamentos, ¿cuántos pisos tiene el edificio? ¿En qué piso vive Ud.? ¿Cuántas habitaciones hay en la planta baja? ¿Y en la planta alta? ¿Qué cuartos están abajo y cuáles están arriba? ¿Tiene un pasillo de entrada? Si es una casa de dos pisos, ¿dónde está la escalera? ¿Tiene un garaje? ¿Y un jardín? ¿Tiene un patio o balcón? ¿Tiene sótano su casa? ¿Qué hay en el sótano? ¿Dónde guarda su bicicleta?*

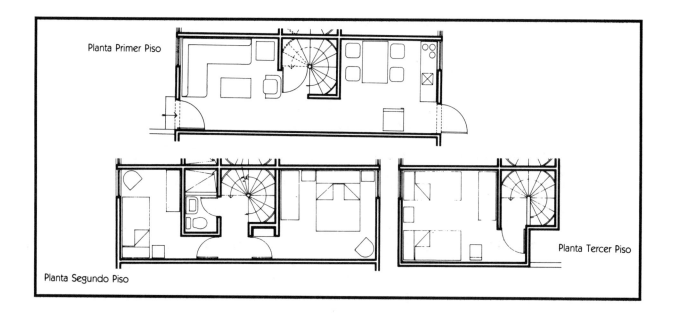

Answers will vary.

_____

_____

_____

_____

_____

_____

_____

_____

_____

_____

_____

_____

4 **Por los ojos de otro**

Cada semana Cristóbal y su abuela dan un paseo por su barrio en la ciudad. Su abuela es ciega y por eso Cristóbal le dice lo que pasa en la vecindad *(neighborhood)*. Haga el papel de él, completando cada frase con el presente o con una construcción progresiva del infinitivo (o de los infinitivos) entre paréntesis.

Modelo: Francisco ___estaba tratando___ de tocar la guitarra cuando lo vimos hace media hora y aún ___sigue tratando___. (seguir/tratar)

1. La Señora Valverde ___está sacando___ una foto de sus hijitos. (sacar)

2. Guillermo Morales ___viene___ de la universidad, probablemente para pasar el fin de semana con su familia. (venir)

3. El perro del Señor Ortiz ___está escapándose___ por la acera y el Señor Ortiz ___está corriendo___ detras de él. (escaparse/correr)

4. Beatriz ___está comiendo___ un helado. (comer)

5. Ellos ___continúan construyendo___ esa casa nueva. (continuar/construir)

6. Un hombre le ___está pidiendo___ direcciones al Señor Pérez. (pedir)

7. Norma ___va___ a la biblioteca. (ir)

8. El Señor Sánchez ___está leyendo___ su novela, como lo vi hace veinte minutos. (leer)

9. Ramonita ___está usando___ los zapatos de tacones altos de su madre. (usar)

5 **Aquí se practica *se***

Ud. ve algunos anuncios clasificados. Tomándolos como modelos, invente otros avisos, usando el *se* impersonal.

Modelo: *Se solicita* cocinero con experiencia en comida colombiana.

Answers will vary.

1. ___Se alquila....___

_____

2. ___Se solicita....___

_____

3. ___Se necesita....___

_____

4. Se compra....

_____

_____

5. Se reciben....

_____

_____

6. Se vende....

_____

_____

7. Se solicitan....

_____

_____

6 Dando instrucciones

Rodolfo le enseña a su hermanito a abrir una cerradura de combinación. Cambie sus instrucciones, usando *se*.

Modelo: Pon la cerradura de combinación en tu armario del colegio.
La cerradura de combinación se pone en tu armario del colegio.

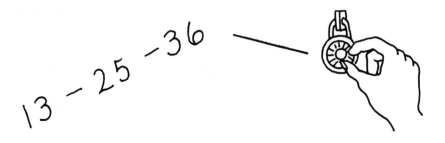

1. Da la vuelta a la cerradura tres veces a la derecha.
   Se da vuelta la cerradura tres veces a la derecha.

2. Para en el primer número.
   Se para en el primer número.

3. Da vuelta a la cerradura una vez a la izquierda, pasando el primer número.
   Se da vuelta a la cerradura una vez a la izquierda, pasando el primer número.

4. Para en el segundo número.
   Se para en el segundo número.

5. Da vuelta a la cerradura a la derecha.
   Se da vuelta la cerradura a la derecha.

6. Para en el tercer número.
   Se para en el tercer número.

7. Tira de la cerradura para abrirla.
   Se tira de la cerradura para abrirla.

Lección 8

1 Crucigrama

Haga el crucigrama, basándose en las cartas de la Lección 8.

Horizontales

4. Lo que nos dice otra persona cuando tenemos un problema y le pedimos ayuda se llama un _____.
5. lo que se hace para no tener un cuarto sucio
6. las cosas que cubren las ventanas
7. una parte de algo exactamente igual a la otra parte
8. el mueble en que se duerme
9. Cuando pides prestado algo, hay que _____ lo.
12. se usan para colgar la ropa
13. un corredor entre dos o más cuartos

Verticales

1. adonde Anamari tira la ropa
2. reloj usado para despertarse
3. cómo se siente Mariana sobre la situación con su hermana
4. conversar
6. Si dos o más personas hacen planes para usar la misma cosa, ellas la van a _____ .
10. mueble en que ponemos libros
11. parte de un cuarto donde colgamos la ropa

2 Los consejos

Ud. tiene un programa de radio y la siguiente es una lista de cosas que sus oyentes *(listeners)* jóvenes le han dicho sobre sí mismos. Deles consejos según el modelo, usando un mandato informal afirmativo y reemplazando las palabras en letra bastardilla con los pronombres apropiados.

Modelo: Nunca estudio para *mis exámenes.*
Estudia para ellos.

1. No soy cortés.

   Sé cortés.

2. Nunca cuelgo *la ropa* en el ropero.

   Cuélgala en el ropero.

3. Nunca le riego *las plantas a mi padre.*

   Riégaselas.

4. Siempre llego tarde a mi primera clase.

   Levántate más temprano.

5. Prefiero bañarme por la mañana, pero alguna de mis hermanas siempre está en el baño.

   Báñate por la noche.

6. No me gusta compartir *la ropa* con *mi hermana* aunque ella siempre me la devuelve.

   Compártela con ella.

7. Nunca tengo tiempo para salir con *mis amigos.*

   Sal con ellos.

8. A veces no le creo *a mi novia* cuando ella me dice que le gusto.

   Créele.

9. No me gusta hacer favores, ni *a mis mejores amigos.*

   Hazles favores a tus amigos.

10. Mi madre se enfada cuando ve *mi cuarto* muy desordenado.

    Ordénalo.

3 ¿Dónde están los acentos?

Los editores del periódico necesitan ayuda en la ubicación de los acentos escritos. Ayúdelos, poniendo los acentos en las palabras que los necesitan.

El salón, cuadro a cuadro

El que ríe de último...

Inició su visita al país el canciller de Francia

Ejército rescata a 2 secuestrados

Al oído

''Tuvimos una buena reacción''

Acuerdo entre Barco y Pérez

Más cuidado, menos accidentes

La próxima semana

Venezuela firmará carta   horóscopo

4 **¿Qué es verdad para Ud.?**

Complete las siguientes oraciones, diciendo lo que es verdad sobre su casa, su cuarto, sus clases, etc. Siga el modelo.

Modelo: Mi cuarto está ____al lado del____ baño.

Answers will vary.

1. Yo vivo_____ del colegio.

2. _____ está enfrente de mi casa.

3. Nuestro baño principal está _____.

4. Mi dormitorio está _____.

5. Sobre mi cama tengo _____.

6. Cuando vengo al colegio viajo hacia _____.

7. En la clase de español _____ está sentado/a al lado mío.

8. Cuando hace buen tiempo siempre quiero estar _____.

9. Mi cama está entre _____.

10. En la clase de historia me siento _____.

11. Tenemos _____ alrededor de nuestra casa.

12. Debajo de mi cama tengo _____.

5 **Los quehaceres domésticos**

Imagínese que es sábado por la mañana. Ud. se despierta y encuentra una lista de quehaceres domésticos que le escribió su madre. Escriba la lista que encontró, con por lo menos seis cosas para hacer. Use mandatos informales afirmativos.

Empieza a preparar el almuerzo.

Answers will vary.

6 **¿Qué marca de aspiradora?**

Lea el siguiente anuncio comercial para una aspiradora y conteste las siguientes preguntas.

Modelo: ¿A quién le va a interesar este anuncio?
Probablemente le va a interesar más a una persona
que necesite una aspiradora nueva.

1. ¿Para que se usa una aspiradora?
   Una aspiradora se usa para limpiar la alfombra/la casa.

2. Según el anuncio, ¿cuándo compra una persona esta aspiradora?
   Una persona compra esta aspiradora cuando tiene que comprar un regalo.

3. Según el anuncio, ¿por qué razón se debe comprar específicamente una aspiradora de esa marca *(brand)*?
   Se debe comprar una aspiradora de esa marca para estar completamente
   seguro que se tiene el regalo perfecto.

4. Si una persona compra ese tipo de aspiradora, ¿qué tipo de regalo va a tener?
   Va a tener un regalo bien pensado, de marca buena y que le va a gustar a la
   persona que lo reciba.

Selecciones literarias

Las historietas estadounidenses

¿Sabía Ud. que las tiras cómicas reflejan e influyen la sociedad en que tienen su origen? ¿Que sabe Ud. sobre las tiras cómicas estadounidenses? ¿Sabía que se publicaron por primera vez al fin del siglo diecinueve? ¿Que reflejan varios aspectos de la historia del país? ¿O que han añadido palabras y expresiones a nuestra lengua? Es así.

En el siglo dieciocho Ben Franklin y Paul Revere ya usaban la forma de una tira cómica, hasta los bocadillos. Pero el primer dibujo que se considera una historieta se publicó el dieciséis de febrero de 1896. Tenía un solo cuadro sin bocadillos. Se llamaba *Yellow Kid* a causa de su único color, el amarillo. Se la creó para aumentar la tirada del periódico en que apareció.

El dibujante de *Yellow Kid*, Richard Outcault, reemplazó esta primera historieta con *Buster Brown*, que tenía bocadillos y varios cuadros. Aparecía solamente los domingos. La primera tira cómica diaria, *Mutt and Jeff,* apareció en 1907.

Al principio, los temas trataban de la vida familiar, en particular de los niños, como *Mafalda*. Pero el siete de enero de 1929, aparecieron dos tiras nuevas del género de aventuras: *Tarzán* y *Buck Rogers*.

La realidad se desarrolló como otro tema de la historieta cuando una caricatura, Joe Palooka, se alistó en el ejército y luchó durante la Segunda Guerra Mundial. El Ministro británico de Información le avisaba a Ham Fisher, el creador de Joe Palooka, sobre el progreso del General Montgomery en la Batalla de Túnez, para que la batalla verdadera y la participación de Joe Palooka en ella terminaran al mismo tiempo.

Como ya se ha dicho, las tiras cómicas a veces reflejan la sociedad, pero a veces también suministran un modo de escaparse de ella. Además tienen alguna influencia sobre la vida de sus lectores. Esto se ve en los juguetes, en algunos programas de televisión, y hasta en nuestro lenguaje. Tenemos muchas palabras y expresiones que tienen su origen en las historietas. Bud Fisher, creador de *Mutt and Jeff* nos dio *got his goat,* y *the long and the short of it* que se refiere a las caricaturas Mutt y Jeff. T.A. Dorgan, otro dibujante, creó *dumb Dora, cat's pajamas, yes, we have no bananas,* y *you said it*.

Otro ejemplo de la influencia de las tiras cómicas son las revistas de historietas, de las cuales la primera que tuvo éxito apareció con el debut de *Superman,* en *Action Comics*, en el mes de junio de 1938.

Es verdad que los estadounidenses son muy aficionados a las historietas. Son una parte de la vida diaria de millones de personas.

---

influyen *influence*   **bocadillos** *speech balloons*   **cuadro** *frame*   **tirada** *circulation*
caricatura *cartoon character*   **se alistó** *enlisted*   **suministran** *provid*   **juguetes** *toys*

A Comprensión

1. ¿Cómo era el primer dibujo que se considera la primera historieta?
   Era un único cuadro, sin bocadillos y de un solo color.

   _____

2. ¿Por qué razón se creó *Yellow Kid*?
   Se creó para aumentar la tirada del periódico.

   _____

3. Probablemente Ud. sabe el nombre de Buster Brown por otra cosa. ¿Cuál es?
   Buster Brown es el nombre de un tipo de zapatos para niños.
   (Si Ud. no sabe, pregúntele a sus padres.)

4. ¿Las primeras tiras cómicas aparecían todos los días?
   No, solamente aparecían los domingos.

   _____

5. ¿Cómo se desarrollaron las historietas?
   Primero, fueron de un solo cuadro, sin bocadillos y de un solo color.
   Trataban de la vida familiar y de los niños. Después tuvieron varios
   cuadros, bocadillos y más colores. También comenzaron a tratar de
   aventuras del pasado *(Tarzán)* y del futuro *(Buck Rogers)*, o de la realidad,
   como la Segunda Guerra Mundial.

   _____

   _____

6. ¿Qué relación existe entre la sociedad y las historietas?
   A veces las historietas reflejan la sociedad y a veces los lectores las usan
   para escaparse de ella.

   _____

7. ¿Qué influencia tienen las tiras cómicas sobre la vida de sus lectores?
   Hay juguetes basados en las caricaturas. Hay programas de televisión que
   tienen su origen en las historietas. Hay palabras y expresiones que vienen
   de ellas.

   _____

B Para pensar más

Answers will vary.

1. Hay algunas historietas en que el cuento continúa y otras que quieren hacer reír. ¿Puede Ud. escribir los nombres de algunas que pertenecen a cada grupo diferente?

_____

_____

_____

_____

2. El tiempo no pasa para las caricaturas de algunas tiras cómicas. Es decir, que los niños no crecen para ser adultos y los adultos no envejecen *(grow old)*. En otras, el tiempo sí pasa. ¿Cuáles son algunas historietas de cada tipo y qué pasa (o pasó) en la historieta para mostrar el pasar del tiempo?

_____

_____

_____

_____

3. Hay otras maneras en que las caricaturas han influido en nuestras vidas, como en la ropa que está de moda, la comida que comemos, lo que pensamos sobre la política. ¿Puede Ud. identificar ejemplos de estos tipos de influencia?

_____

_____

_____

4. Se dice que las tiras cómicas son modos muy efectivos de comunicarse. Probablemente es así. En la Segunda Guerra Mundial nuestros adversarios decidieron que estaban luchando contra soldados *(soldiers)* de papel tanto como contra verdaderos. Por consiguiente, Mussolini prohibió todas las historietas estadounidenses en su país, menos la del Ratón Miguelito *(Mickey Mouse)*, la cual era su preferida. ¿Puede Ud. nombrar varias historietas y explicar el mensaje *(message)* que comunican? Los mensajes pueden incluir información médica, comentarios sobre política, comentarios sobre lo que se aprecia *(is valued)* por la sociedad, o información educativa sobre cualquier aspecto de la vida.

_____

_____

_____

_____

Lección 9

1 ¿Cómo es su familia?

Escriba una composición de por lo menos ocho oraciones sobre el compromiso y la boda de uno de sus relaciones familiares. Trate de contestar las siguientes preguntas en su composición: *¿Le gustan a Ud. las bodas? ¿Quién(es) se ha(n) comprometido o se ha(n) casado recientemente en su familia? ¿Cómo es la pareja? ¿Apareció (o va a aparecer) en algún periódico un anuncio del compromiso de la pareja? ¿Cuándo? ¿Había (o habrá) una despedida de soltera? ¿Fue (irá) Ud.? ¿Cuándo fue (será) la boda? ¿Fue (irá) Ud. a la boda? Si responde que sí, ¿con quién? ¿Quién más estuvo (estará)?*

Modelo: Me gustan mucho las bodas, especialmente cuando me permiten tener mi propio cuarto. En mi familia éramos cinco, pero sólo vivimos cuatro en casa hoy porque mi hermano mayor se casó recientemente. Ahora vive en otra ciudad con su esposa nueva.

Answers will vary.

2 Página Social

Lea los siguientes anuncios y luego conteste las preguntas de acuerdo a lo que Ud. entendió.

Cecilia Cajiga Castillo

En la parroquia de la Divina Providencia, en la colonia del Valle a las 12.30 horas del próximo sábado 31, el reverendo padre S.J. Fernando Suárez impartirá la bendición nupcial a la señorita Cecilia Cajiga Castillo y al señor Enrique Cuauhtémoc Ortega Régalado, quienes estarán acompañados por sus padres, los señores Esteban Cajiga Aceves, Liduvina Castillo de Cajiga y Yolanda Regalado Guerrero.

En la ceremonia civil fueron testigos los señores Víctor Pereyra, Yolanda Ortega de Pereyra, Guillermo Manning y Mario Blancas.

Después de un brindis con familiares y amigos, iniciarán su viaje de luna de miel a Ixtapa-Zihuatanejo.

BODA. Ante el altar de la Iglesia Bautista de Northside celebraron su enlace matrimonial la gentil señorita Marta Rivero, hija del señor Félix Rivero y señora, Silvia de Rivero, y el caballeroso joven Carlos Cruz, hijo de la señora Esperanza Reyes vda. de Cruz, ambas familias muy estimadas. La luna de miel, que auguramos imperecedera, la disfrutaron en Indiana.

1. ¿Quiénes se casaron en la Iglesia Bautista de Northside? **Marta Rivero y Carlos Cruz se casaron.**

2. ¿Qué es Marta de Félix y Silvia? **Es su hija.**

3. ¿Quién es la viuda? **La viuda es la mamá de Carlos y se llama Esperanza Reyes Vda. de Cruz.**

4. ¿Quiénes fueron a Indiana y por qué? __Marta y Carlos. Fueron allí a pasar la__ __luna de miel.__

5. ¿Quiénes se han comprometido? __Cecilia Cajiga Castillo y Enrique__ __Cuauhtémoc Ortega Regalado.__

6. ¿Dónde será el matrimonio de Cecilia Cajiga? __En la colonia del Valle.__

7. ¿Cuál es el apellido materno de Enrique? __Regalado.__

8. ¿Cuál es el apellido paterno de Enrique? __Ortega.__

9. ¿Cuál es el apellido de la mamá de Esteban, la abuela de Cecilia? __Aceves.__

10. ¿Cómo se llaman los padres de Cecilia? __Esteban Cajiga Aceves y__ __Liduvina Castillo de Cajiga.__

3 Las relaciones se explican

Concepción le muestra su álbum fotográfico a Gloria, una amiga nueva, pero lo hace demasiado rápido y Gloria se confunde. Haga Ud. el papel de Gloria, haciendo las preguntas indicadas entre paréntesis.

CONCEPCION: Rodrigo y Fidel son los hermanos de Manuela.

GLORIA: *(They're twin brothers, right?)*

Son hermanos gemelos ¿no?

CONCEPCION: Pues sí. Y en esta foto Raimundo molesta a Julia.

GLORIA: *(Is he her brother?)*

¿Es hermano de ella?

CONCEPCION: No, es primo de ella.

GLORIA: *(And how are you related to them?)*

¿Y qué eres tú de ellos?

CONCEPCION: No soy nada de ellos. Somos muy amigos. Nuestras familias se han conocido desde que yo era niñita. Aquí está la foto de Aurora e Ignacio, paseando en bicicleta.

GLORIA: *(Are they related?)*

¿Qué son ellos?

CONCEPCION: Son novios. Van a casarse en agosto. Aquí están otra vez en esta foto, con tía Sara y tía Engracia.

4 Frases para completar

Lea lo que dicen las siguientes personas. Complete lógicamente cada frase incompleta, usando la siguiente lista de palabras: *arreglar, fastidiar, devolver, apagar, dar, entregar*. Una de ellas se usa dos veces.

1. *Una madre hablando a su hijo mayor....*

   — Fernando, has jugado con el camión toda la mañana. Ahora le toca a tu hermanito.
   _____**Dáselo**_____.

2. *Un joven hablando con su hermano....*

   — Claudio, el mes pasado te presté dinero. ¿Cuándo vas a ____**devolvérmelo**____?

3. *Una profesora hablando a una estudiante....*

   — Agustina, no entregaste la tarea ayer. ____**Entrégamela**____ ahora.

4. *Una madre hablando a su hijo....*

   — Simón, ¿por qué llora tu hermana? ¿Estás ____**fastidiándola**____?

5. *Un bisabuelo hablando a su bisnieto....*

   — Conrado, la radio está rota y tú sabes mucho de radios. ¿Puedes
   ____**arreglarla**____?

6. *Un padre hablando a su hijo....*

   —Todas las luces de arriba están encendidas y tú estás abajo. ____**Apágalas**____.

7. *Una madre hablando a su hijo que tiene un perrito nuevo....*

   —Pancho, tu perrito tiene hambre. ____**Dale**____ de comer ahora.

5 ¿Acento o no?

Añada los acentos escritos en las palabras donde sea necesario.

Lección 9

Lección 10

1 Los problemas de Alicia

Complete las siguientes frases según lo que Ud. ha leído en el diálogo *Quiero vivir en paz* de la Lección 10 de *Somos así 3*. Marque la opción correcta.

Modelo: __B__ La conversación entre Alicia y Eduardo ocurre...
A. por la tarde después de clases.
B. al mediodía.
C. las doce de la noche.

__C__ 1. Eduardo llega a la cafetería...Alicia.
A. al mismo tiempo que
B. después que
C. antes que

__A__ 2. Cuando Eduardo ve a Alicia, se da cuenta de que ella...
A. no se siente bien.
B. está contentísima.
C. está enfadada.

__B__ 3. Alicia se preocupa por la clase de matemáticas porque...
A. el maestro es el más estricto del colegio.
B. tiene un examen y teme no salir bien.
C. no está preparada para la clase.

__B__ 4. Eduardo es un amigo...
A. exigente.
B. compasivo.
C. impaciente.

__B__ 5. Alicia dice que su abuela está...ella.
A. satisfecha con
B. enojada con
C. orgullosa de

__C__ 6. Según Alicia, su padre...
A. la deja salir de la casa el fin de semana que viene.
B. insiste en que ella no se quede en casa este fin de semana.
C. no permite que ella salga de la casa este fin de semana.

__A__ 7. Alicia también le dice a Eduardo que sus hermanos...
A. la molestan todo el tiempo.
B. se llevan bien con ella.
C. siempre la dejan vivir en paz.

2 **Usando el participio pasivo como adjetivo**
Complete cada oración, usando la forma apropiada del verbo indicado.

   Modelo: Amalia está _____confundida_____. (confundir)

1. La lista de tareas _____acabadas_____ está en la mesa. (acabar)
2. La Srta. Smith está _____muerta_____. (morir)
3. Las ventanas están _____rotas_____. (romper)
4. El lavaplatos está _____encendido_____. (encender)
5. El cuarto está oscuro porque las cortinas están _____cerradas_____. (cerrar)
6. El baile es _____pospuesto_____ para otra fecha. (posponer)
7. Tengo sólo un primo _____casado_____. (casar)
8. ¿Con qué cosa está _____cubierto_____ el sillón? (cubrir)
9. Prefiero los huevos _____revueltos_____. (revolver)

3 **¿Has hablado con tu familia?**
Haga frases, utilizando el pretérito perfecto y siguiendo las indicaciones que se dan.

   Modelo: yo/dar una solución a tus problemas
   Yo he dado una solución a tus problemas.

1. Mónica y Adriana/resolver los problemas con sus padres
   Mónica y Adriana han resuelto los problemas con sus padres.

2. tú/llorar porque no te dejaron hablar
   Tú has llorado porque no te dejaron hablar.

3. Mauricio/aclarar la situación con su familia
   Mauricio ha aclarado la situación con su familia.

4. Alicia/agradecer a Eduardo por su ayuda
   Alicia ha agradecido a Eduardo por su ayuda.

5. los padres/hablar con sus hijos
   Los padres han hablado con sus hijos.

6. David y Alicia/cooperar con sus hermanos
   David y Alicia han cooperado con sus hermanos.

   _____

7. tú/lograr una buena comunicación con tu familia
   Tú has logrado una buena comunicación con tu familia.

   _____

8. nosotros/imaginar a todas las familias llenas de paz
   Nosotros hemos imaginado a todas las familias llenas de paz.

   _____

4 Los resultados de algunas acciones

Escoja la oración de la derecha que se relacione mejor con de la izquierda y escriba la letra que le corresponde en la línea en blanco.

___A___ 1. Tengo mucho hambre.

___F___ 2. Estoy lista para salir.

___I___ 3. Joaquín, ¿no tienes la tarea?

___B___ 4. No, Alejo, no tienes permiso para salir.

___D___ 5. ¡Ay! Ya son las ocho y media. ¿Qué me pasa?

___K___ 6. Rebeca está preocupada.

___H___ 7. Lo siento chicos, pero no puedo prestarles más libros.

___J___ 8. Rosita, me parece que tus padres no saben nada de lo del examen.

___C___ 9. Mara, quiero ir a ver una película este fin de semana.

___G___ 10. Qué aburrida es esta fiesta.

___E___ 11. Voy a la librería para comprarme un libro de misterio.

A. No he comido en todo el día.

B. No has terminado tus tareas.

C. ¿Has visto alguna buena recientemente para recomendarme?

D. No me he despertado a tiempo por más de una semana.

E. No he leído ninguno en varios meses.

F. Me he cambiado de ropa.

G. ¡Y qué sorpresa! Nos hemos divertido mucho cada vez que hemos estado aquí.

H. No han devuelto los otros que pidieron prestados.

I. ¿Qué has hecho con ella esta vez?

J. ¿No se lo has dicho?

K. Ha perdido todo su dinero.

5 Hablando con un consejero

Aquí hay un texto de una sesión entre Yolanda, sus padres y un consejero, publicada en una revista de sicología. Lea lo que pasa y conteste las preguntas que siguen.

CONSEJERO: Bueno, hemos hablado durante media hora y creo que entiendo bastante bien el problema. Nos quedan treinta minutos y durante ese tiempo yo quiero que Uds. cambien de papeles. Es decir, quiero que tú, Yolanda, hagas el papel de tus padres y ellos, el tuyo. Tú puedes hablar de *nosotros* y ellos necesitan hablar usando *yo.* El tema para la conversación será la hora a la cual tú tienes que volver a casa cuando sales con tus amigos los fines de semana. Señor y señora Ramírez, yo quiero que Uds. empiecen la conversación... quejándose.

LOS RAMIREZ: ¿Por qué tengo que volver a casa a la medianoche? Todos mis amigos pueden quedarse fuera hasta la una, por lo menos.

YOLANDA: Este...este.... Pero no nos preocupamos por tus amigos, solamente por ti.

LOS RAMIREZ: ¡No es justo! Todos pueden....

CONSEJERO: Con permiso...pero no traten de decir lo que usualmente dice Yolanda. Escuchen cuidadosamente y respondan directamente a lo que ella ha dicho.

LOS RAMIREZ: Este... este.... ¿De qué se preocupan exactamente?

YOLANDA: Bueno.... Tenemos miedo de que tu vayas a tener un accidente. Queremos que tú estés bien. Y no olvides que necesitamos dormir. Tu padre trabaja los sábados por la mañana y yo siempre tengo que levantarme temprano para cuidar a tus hermanitos. *(Sonríe)*

LOS RAMIREZ: Entiendo...y me parece razonable pero a veces me da vergüenza cuando les digo a mis amigos que no puedo quedarme fuera hasta muy tarde.

YOLANDA: Y...lo entendemos porque nos sentimos igual cuando éramos jovenes.

CONSEJERO: ¡Excelente! Nuestra hora se acabó. Espero que hayan aprendido dos cosas importantísimas. Primero, que hay que responder a lo que dice la otra persona y segundo, que hay que tratar de entender lo que siente el otro. Practiquen durante la semana. También tengo una tarea para Yolanda. Les daré otra a Uds., señor y señora Ramírez, la semana que viene. Yolanda, esto te ayudará a ver a tus padres como personas, como individuos, y no sólo como padres. Lee este cuestionario, habla con tus padres y después complétalo según lo que ellos te contesten. Creo que será interesante. Bueno, los veré el jueves próximo.

---

1. ¿Cuánto tiempo dura la sesión con el consejero?

    Dura una hora.

2. ¿Cuánto tiempo pasan los Ramírez explicándole su problema al consejero?

    Pasan treinta minutos explicándoselo.

3. ¿Qué tienen que hacer los Ramírez y su hija hasta el final de la sesión?

    Tienen que cambiar de papeles.

4. ¿Qué discute la familia?

    Discute la hora a la cual Yolanda tiene que volver a casa los fines

    de semana de noche.

5. ¿A qué hora tiene que regresar a casa?

    Tiene que regresar a la medianoche.

6. ¿Qué opina Yolanda de la hora?

    Cree que es injusto porque todos sus amigos pueden quedarse

    fuera hasta la una por la menos.

7. Y ¿qué dice ella sobre la hora cuando hace el papel de sus padres?

    Dice que ella se preocupa por ellos.

8. ¿Qué tienen que hacer los Ramírez cuando responden a Yolanda?

    Tienen que escuchar cuidadosamente y responder directamente a

    lo que dijo Yolanda.

9. En su opinión, ¿por qué sonríe Yolanda cuando explica sus preocupaciones?

    Sonríe porque se da cuenta de cómo se sienten sus padres

    cuando ella sale con sus amigos.

10. Según Ud., ¿qué recuerdan los padres de su juventud cuando hacen el papel de su hija?

    Recuerdan que a los jóvenes a veces les da vergüenza cuando tienen

    que actuar de manera diferenta a como actúan sus amigos.

6 **Entrevistando a sus padres**

Este es el mismo cuestionario que tuvo que llenar Yolanda. Hágalo Ud. mismo/a, entrevistando a sus padres si es necesario.

Modelo: ¿Quién es tu actor preferido?
MADRE: Patrick Swayze
PADRE: Harrison Ford

Answers will vary.

Cuestionario

1. ¿Cuál es tu color preferido?

    MADRE: _____

    PADRE: _____

2. ¿Cómo se conocieron tus padres, (madrastra o padrastro)?

    MADRE: _____

    PADRE: _____

3. ¿Qué cosa siempre habrías querido hacer pero nunca la has hecho?

    MADRE: _____

    PADRE: _____

4. ¿Cuál es la decepción más grande que has tenido en la vida?

    MADRE: _____

    PADRE: _____

5. ¿Cuál es el logro del cual estás más orgulloso/a?

    MADRE: _____

    PADRE: _____

6. ¿Adónde te gustaría ir si pudieras viajar por el mundo?

    MADRE: _____

    PADRE: _____

7. ¿Cuál aspecto de tu propia personalidad te gusta más?

    MADRE: _____

    PADRE: _____

8. Y ¿cuál te gusta menos?

    MADRE: _____

    PADRE: _____

---

decepción disappointment   **logro** accomplishment

7 Encuentro sobre la cultura maya

Lea el siguiente diálogo entre Raquel y Marité y llene los espacios en blanco con *a* o *al*, donde sea necesario.

Encuentro sobre la cultura maya

CIUDAD DE MEXICO, (ANSA). — Tuvo mucha importancia el reciente Encuentro de Cultura Maya realizado en Izamal. Debates, muestras, conferencias, teatro, un coloquio sobre educación indígena, estudios sobre lengua, artesanía, costumbres, presentación de ensayos sobre esta temática, constituyeron algunos de los elementos de estas jornadas.

En el coloquio sobre educación se insistió en la necesidad de preservar la lengua maya así como de profundizar la alfabetización en Yucatán,

Los "mayistas" recalcaron que es necesario trabajar intensamente en la defensa de esta cultura étnica. Martha Turok Gualas, directora general de Culturas Populares de la Secretaría de Educación Pública señaló que "a 300 años de colonización se perdió mucho de la cultura indígena" y advirtió que hay un constante proceso de deterioro. Un problema grave subrayado es que "los propios indios niegan su condición indígena, se avergüenzan de ser nativos y a veces se les utiliza como algo folclórico.

RAQUEL: El señor Vargas me ha dicho que acabas de regresar del aeropuerto.

MARITE: Sí. Tuve que __—__ viajar __a__ México.

RAQUEL: Tienes __—__ un abuelo que vive en la capital, ¿no?

MARITE: Sí, pero fui __al__ Encuentro de Cultura Maya en este viaje, y no pude visitar __a__ mi abuelo.

RAQUEL: ¡Qué lástima que no pudiste ver __a__ tu abuelo... pero leí algo acerca del Encuentro. Tuvo lugar en....

MARITE: En Izamal, en el Yucatán, __al__ este de Mérida. ¿Recuerdas?

RAQUEL: Pues, sí... donde se encuentra __—__ Chichén Itzá. ¡Qué maravilla! ¿Dónde te quedaste?

MARITE: Hay varios hoteles donde se pueden conseguir cuartos. Encontré ___—___ uno

donde alquilan cuartos sencillos __a___ diecinueve dólares la noche.

RAQUEL: ¡Qué suerte tienes, chica!

MARITE: Verdad, ¿no? Dime, ¿has oído hablar de Martha Turok Gualas?

RAQUEL: Umm... no me acuerdo.

MARITE: Pues, es la directora general de Culturas Populares de la Secretaría de

Educación Pública. Y posiblemente la vas __a___ conocer cuando yo vuelva

__al___ Encuentro el próximo año.

RAQUEL: ¿Cómo que voy __a___ conocerla?

MARITE: Pues sí, necesito ___—___ un fotógrafo y, como esa es tu especialidad, he pensado

en que vayas conmigo. ¿No te gustaría ___—___ ir?

RAQUEL: Por supuesto. ¡Va __a___ ser grandioso!

Lección 11

1 Leyendo entre líneas

Las siguientes oraciones son comentarios sobre las personalidades y las vidas de Diego y de Soledad. Lea cada oración y dé ejemplos o información del diálogo *¿Cuándo nos reunimos?* de la Lección 11 de *Somos así 3.* Siga el modelo.

Modelo: Es algo que a Soledad le interesa además que el volibol.
Le interesa la música o el piano porque el
texto dice que tiene clase de piano.

Possible answers:

1. Soledad y Diego son jóvenes muy responsables.

   Los dos son miembros de equipos deportivos y no quieren faltar a ningún

   partido. Diego trabaja en la tienda de su papá. Los dos quieren entregar el

   proyecto a tiempo.

2. Para los dos sus familias son importantísimas.

   Soledad hace planes para salir a cenar con su familia para celebrar el

   santo de su padre. También va de compras con su madre y su tía el

   viernes. Parece que la familia de Diego le ayuda al papá a dirigir el

   negocio de la tienda.

3. Soledad y Diego son aficionados a algún deporte.

   Diego es miembro de un equipo de fútbol y Soledad es miembro de

   uno de volibol.

4. La familia de Soledad es una familia hispánica tradicional.

   Celebran el santo de los miembros de la familia.

5. Los dos jóvenes están completamente dispuestos a *(willing to)* llegar a un arreglo sobre el día que van a reunirse.

   Cada uno respeta al horario del otro y siguen discutiéndolo hasta encontrar

   un día conveniente para los dos.

2 ¿Dónde va el adjetivo?

Complete las siguientes oraciones con la forma apropiada del adjetivo indicado, decidiendo de acuerdo con el significado si el adjetivo debe usarse antes o después del nombre.

Modelo: El señor Rodríquez no tiene un carro. Tal vez es un _____ hombre __pobre__ y no tiene bastante dinero para comprar uno. (pobre)

1. Mi amigo Armando tiene una _____ casa ____grande____ de cuatro pisos y diecisiete habitaciones, pero no es muy bonita. (grande)

2. Este carrito no es el que mamá me compró ayer. Es _____ uno ____diferente____. (diferente)

3. Es el cumpleaños de la señora Ruiz y ella cumple sesenta años. ¡Es una _____ mujer ____vieja____! (viejo)

4. No me gustaba tu ____antigua____ novia _____. (antiguo) Ella siempre estaba de ____mal____ humor _____. (malo)

5. Acabo de ver una ____gran____ película _____. (grande) Se trataba de un monstruo y me gustan mucho los monstruos.

6. Oscar, fui a la biblioteca y pedí prestado un libro sobre dinosaurios. ¿Sabías que había ____diferentes____ clases _____ de ellos? (diferente)

7. Mi ____viejo____ guante _____ de béisbol es mi favorito. (viejo) No estoy seguro que me guste el nuevo.

8. Oscar, mira las fotos de carros en esta revista. Este es un _____ carro ____antiguo____. (antiguo)

9. ¿No me puedes comprar un helado? ¡Qué _____ hermano ____pobre____ tengo yo! (pobre)

3 Reglas para la casa

Complete las siguientes oraciones con la forma apropiada del mandato negativo informal del verbo entre paréntesis.

Modelo: No ____grites____ en casa. (gritar)

1. Nunca ____digas____ cosas desagradables. (decir)

2. No ____subas____ el estéreo a todo volumen. (subir)

3. No _____ **tires** _____ tu abrigo al suelo. (tirar)

4. No _____ **llegues** _____ tarde para el almuerzo. (llegar)

5. Nunca _____ **salgas** _____ sin decirle a alguien adonde vas. (salir)

6. No _____ **empieces** _____ a hacer tu tarea después de las siete de la noche. (empezar)

7. No _____ **sugieras** _____ tonterías. (sugerir)

4 **Sopa de letras**

Lea la siguiente lista de mandatos informales negativos. Después, encuentre el afirmativo para cada uno. Están organizados en forma vertical, horizontal, diagonal y también pueden estar escritos al revés.

Modelo: No ___estudies___ más.

1. No vayas al centro hoy.
2. No hables en voz alta.
3. No pongas esa caja en el sótano.
4. No riegues las flores ahora.
5. No veas esa película.
6. No vuelvas inmediatamente.
7. No planches esa camisa.
8. No seas más generoso.
9. No salgas con ella.
10. No llegues temprano.
11. No hagas eso.
12. No pases la aspiradora.

```
A Q F L R A E J W T L G B J P
B S K O I S M M H E Q Y F P U
U Q C G T O E O A I S Q A L N
K K X U U E X B Z A M S C T P
X C D E P E Z K L U A U M K E
F I M D E W I L X J V A X S V
A B H H E A I N A X F E R M L
O I C X F A L H Y J X L G U E
I B M W G J C B S D L T P U U
H Q P E B N B A A E H Z V K V
D W I Y A O L N G H K R O B S
S R Y L U P D A U P H K N U P
C C P A D A T T O W V H J D T
T F X N D I X N B S A E P X N
```

5 Consejos para un amigo

Dele consejos a un amigo que le cuenta lo que sigue, usando mandatos informales negativos y cambiando a complemento directo o indirecto las palabras en letra bastardilla. Siga el modelo.

> **Modelo:** Quiero comprarle *un sombrero a José*.
>   No se lo compres.

1. Quiero comprarte *un regalo*.
   No me lo compres.
   _____

2. Me enojo tan rápidamente.
   No te enojes tan rápidamente.
   _____

3. Pido prestado *dinero a los que no son muy amigos*.
   No se lo pidas prestado.
   _____

4. Quiero irme de mi casa.
   No te vayas de tu casa.
   _____

5. Me como *las uñas*.
   No te las comas.
   _____

6. Quiero darlos *a María e Isabel*.
   No se los des.
   _____

7. Se la traigo *a Uds*. mañana.
   No nos la traigas mañana.
   _____

Lección 12

1 **Una llamada telefónica**

Imagine que uno de sus amigos va a tener un estudiante uruguayo en su casa este año.
Como su amigo no habla español, le pide a Ud. que llame a Punta del Este, Uruguay.
Ayúdelo a hacer la llamada, usando las instrucciones que él le da.

Modelo: *(Say hello.)*
¿Alo?

1. *(Ask for Miguel Peralta.)*
   Por favor, ¿está Miguel Peralta?
   _____

2. *(He's not there.... Tell them it's a long distance call from the United States and ask if their number isn't 89 42 76.)*
   Perdón pero esta es una llamada de larga distancia. ¿Este no es el
   ocho nueve, cuatro dos, siete seis?
   _____
   _____

3. *(They say that is their number, so tell them maybe you have the wrong number and ask them if they would look up the number for Miguel Peralta y Avilar.)*
   Perdón, otra vez, pero tengo el número equivocado. Puede Ud. hacerme
   el favor de buscar el número de Miguel Peralta y Avilar en la guía de
   teléfonos?
   _____
   _____

4. *(They tell you his number is 89 42 67, so you thank them for their help and hang up.)*
   Mil gracias por su ayuda. Adiós.
   _____
   _____

2 Un robo

La señora Díaz, que tiene setenta y cinco años, vive en la planta baja de un edificio de apartamentos. Anteanoche, cuando ella fue a visitar a su hija, alguien le robó el dinero y todas sus joyas. La policía cree que fue uno de los residentes del edificio. Pero cuando la policía habló con ellos, todos tenían una coartada *(aliby)*. Haga Ud. el papel de un agente de policía al presentarle un informe a su jefe. Indique qué estaba haciendo cada sospechoso a la hora del robo, usando el progresivo en el imperfecto y siguiendo las indicaciones.

> **Modelo:** pasar la aspiradora (Sra. Chávez)
> La Sra. Chávez estaba pasando la aspiradora.

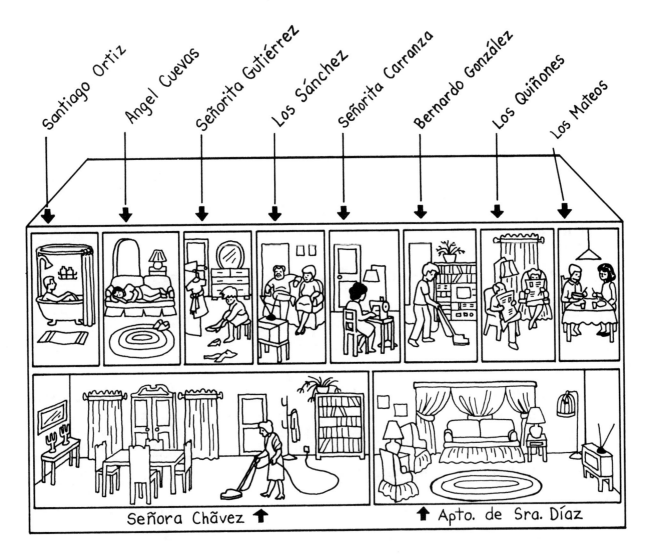

1. bañarse (Santiago Ortiz)

   Santiago Ortiz se estaba bañando.

2. cenar (Los Mateos)

   Los Mateos estaban cenando.

3. coser (Srta. Carranza)

La señorita Carranza estaba cosiendo. _____

4. limpiar el apartamento (Bernardo González)

Bernardo González estaba limpiando el apartamento. _____

_____

5. ver una película vieja en la televisión (Los Sánchez)

Los Sánchez estaban viendo una película vieja en la televisión. __

_____

6. dormir en el sofá (Angel Cuevas)

Angel Cuevas estaba durmiendo en el sofá. _____

7. leer el periódico (Los Quiñones)

Los Quiñones estaban leyendo el periódico. _____

8. vestirse para salir (Srta. Guitérrez)

La señorita Gutiérrez estaba vistiéndose para salir. _____

_____

3 ¿Qué estuviste haciendo?

Haga Ud. el papel de Gisela en el siguiente diálogo, usando la información que se da para completar la conversación con Patricio. Siga el modelo.

Modelo: PATRICIO: Te llamé el jueves pasado.
               GISELA: (caminar por el centro/casi todo el día)
                       Estuve caminando por el centro casi todo el día.

PATRICIO: Gisela, te llamé el viernes pasado para preguntarte si querías salir conmigo.

GISELA: (ayudarle a mi madre a hacer preparativos para el cumpleaños de papá/hasta muy tarde)

Estuve hasta muy tarde ayudando a mi madre a hacer preparativos

para el cumpleaños de papá.

PATRICIO: También te llamé el sábado por la mañana.

GISELA: (mi madre y yo/limpiar la casa/toda la mañana)

Mi madre y yo estuvimos limpiando la casa toda la mañana.

_____

PATRICIO: ¿Y qué hacías el domingo cuando te llamé?

GISELA: (mi familia/celebrar el santo de mi papá/por la tarde)

Mi familia estuvo celebrando el cumpleaños de mi papá por la tarde.

_____

_____

PATRICIO: Pero te llamé otra vez el lunes por la noche.

GISELA: (después de la cena/mi hermana y yo/practicar la flauta/auditorio de la universidad)

Después de la cena mi hermana y yo estuvimos practicando la

flauta en el auditorio de la universidad.

_____

_____

PATRICIO: Cuando te llamé el martes de noche tampoco podías contestar el teléfono.

GISELA: (estudiar para un examen de química/hasta las diez y media)

Estuve estudiando para un examen de química hasta las

diez y media.

_____

_____

PATRICIO: ¿Por qué no podías hablarme anteanoche?

GISELA: (escribir dos composiciones para la clase de literatura/desde las siete y media hasta las once)

Estuve escribiendo dos composiciones para la clase de literatura,

desde las siete y media hasta las once.

_____

_____

PATRICIO: Y anoche, ¿por qué no me hablaste?

GISELA: (dormir/hasta la hora de cenar/después acostarme otra vez)

Estuve durmiendo hasta la hora de cenar y después me acosté

otra vez.

_____

_____

PATRICIO: Bueno, casi creo que no quieres salir conmigo, pero no me doy por vencido. ¡Te llamaré mañana!

4 Dejando un recado

Ud. iba a reunirse con un amigo para discutir un proyecto para la clase de sociología, pero cuando lo llamó no había nadie en su casa. Ud. decidió pasar por su casa, pero todavía no había nadie. Deje Ud. el siguiente mensaje para pegar en su puerta, cambiándolo al español: *Address the note to your friend and ask what happened to him. Explain that you called him for two and a half hours this morning but he wasn't home. Say that your part of the project is done and that you are going to give it to him tomorrow in class. Tell him not to call you because you have gone to the movies. Also tell him to finish his part of the project and to bring it to you tomorrow. Sign your name.*

Modelo: *(Ask where he is.)*
 ¿Dónde estás?

Memo

¿Qué te pasó? Te estuve llamando dos horas esta mañana

pero no estabas. Mi parte del proyecto está terminada y voy

a dártelo mañana en clase. No me llames porque me he ido al

cine. Acaba tu parte del proyecto y tráemelo mañana.

_____

_____

_____

_____

_____

_____

_____

_____

5 Crucigrama

Lea las frases que siguen y haga el crucigrama, usando la forma apropiada del infinitivo entre paréntesis para cada espacio en blanco. Puede ser el participio pasivo, el participio presente o un mandato familiar afirmativo o negativo.

Horizontales

1. Carlitos, _____ me el favor de cerrar la ventana, por favor. (hacer)

4. ¿Adónde ha_____ Amaldo? Quería hablar con él. (ir)

5. ¿Me llamaste? Estuve _____el césped por dos horas. (cortar)

7. Lo siento pero Georgina no está. Ya ha _____ . (salir)

8. Cecilio, necesitas divertirte un poco. _____ con algunos amigos a cenar. (salir)

11. Hugo, ten cuidado con esa cámara. No la _____ . (romper)

12. Martín, ¿rompiste con Sonia? _____ me lo que pasó. (decir)

13. Rosita, ¡tu cuarto es un desastre! _____ la cama en seguida. (tender)

14. Terencio, ven en seguida. La mesa ya está_____ y casi estamos listos para comer. (poner)

16. No, Olga, no estaba _____ . (dormir)

17. Mauricio, necesito las tijeras. ¿Dónde las has _____ ? (poner)

Verticales

1. Silvia, ¿por qué miras la televisión? No has _____ todas tus tareas domésticas. (hacer)

2. Está bien Pedro, recógeme a las siete. pero no _____ temprano porque no estaré lista. (venir)

3. Sí, mamá, estoy _____ todo en orden. (poner)

6. ¡No espero más a Catalina! Ya la he _____ por treinta y cinco minutos, (esperar)

9. La tormenta ha _____ más que cualquier otra en este siglo. (destruir)

10. Daniel, voy al partido de fútbol. _____ conmigo. (venir)

15. Es un secreto. No se lo _____ a José. (decir)

Selecciones literarias

El eclipse

Lea nuevamente el cuento *El eclipse*, de Augusto Monterroso y conteste estas preguntas.

Possible answers may include:

1. ¿Qué dice el autor para mostrarnos a los lectores que fray Bartolomé se había perdido y que fue por su culpa?

   Se refiere a la ignorancia topográfica del fraile.

2. Según fray Bartolomé, ¿qué le había hecho la selva? ¿Y por qué es importante?

   Le había apresado. Es importante porque tal vez el uso de la palabra

   ***apresado* nos permite ver los sentimientos verdaderos del fraile con**

   respeto al país en que vivía.

3. ¿Qué esperaba fray Bartolomé hacerles a los indios?

   Esperaba engañarlos.

4. Después de decirles a los indios sobre el eclipse, ¿cómo se sintió el fraile? ¿Por qué?

   Tuvo confianza que les había engañado y esperó con cierto desdén. Pensó

   que le iban a permitir vivir.

5. ¿Cuál fue el error del fraile?

   No se le ocurrió que tal vez los indios, aunque no sabían nada de

   Aristóteles, tenían algún conocimiento de la naturaleza, del sol y de sus

   eclipses.

6. ¿Puede Ud. pensar en otros ejemplos de la historia del mundo en que los conquistadores despreciaban la cultura y el conocimiento de la gente indígena?

   Answers will vary.

CAPITULO 4

Lección 13

1 Una encuesta estudiantil

Hable con otro estudiante, haciéndole las siguientes preguntas. Apunte los resultados de su encuesta.

Answers will vary.   **Ojeda enfrentará hoy al tribunal**

1. ¿Cuál fue la noticia más importante de la semana pasada?

   _____

   _____

2. ¿Cada cuánto ve Ud. el noticiero de la televisión? (Ponga un círculo alrededor de su respuesta.)

   A. Todos los días de la semana.
   B. Varias veces a la semana.   **"Injustas" las**
   C. Una vez a la semana.   **demandas de**
   D. Menos frecuentemente.   **los huelguistas**

3. ¿Qué noticias le interesan más? (Ponga un círculo alrededor de su respuesta.)

   A. Las locales.
   B. Las nacionales.
   C. Las internacionales.   **Noticias de la Policía**

4. ¿Conoce Ud. un programa de televisión que no es noticiero pero que da más información detallada que las noticias? ¿Cuál?

   _____

5. Dé el nombre de dos revistas de noticias que Ud. conoce.

   _____

6. ¿Ha leído alguna revista de ese tipo? ¿Cuál?

   _____

7. ¿Cada cuanto lee Ud. el periódico? (Ponga un círculo alreador de su respuesta.)

   A. Diariamente.
   B. Una vez a la semana.
   C. Solamente cuando tiene que leerlo para la tarea de una clase.
   D. De vez en cuando.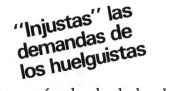
   E. Nunca.

2 Recortes de periódico

Encierre con un círculo los veinte verbos en el pretérito que aparecen en estos recortes.
Los verbos pueden repetirse.

Los "Naranjas" cayeron en sus propios errores

Rinaldi: "Nos pidió jugar bien. Cumplimos"

Fútbol italiano
Nápoli, ganó y es campeón de invierno

Perdió San Lorenzo

CHOQUE

Cuatro personas heridas

BUENOS AIRES, 17 (TELAM).— Cuatro personas adultas, con heridas de distinta consideración y politraumatismos diversos, que ingresaron hoy al hospital Zonal de Tigre, dejó como saldo el accidente ocurrido a las 9.30 de hoy en el ramal Tigre del Acceso Norte, cuando un ómnibus embistó una construcción precaria abandonada, presuntamente a raíz de la rotura de la dirección, según informes brindados en ese nosocomio.

Vuelco

Fuentes allegadas a Bomberos de Tigre, indicaron en un principio que se habría producido el vuelco del interno 115 de la empresa Interrutas, conducido por Hugo López, el que transportaba unos 30 meno-res hacia una colonia de vacaciones.

El jefe de guardia del hospital zonal de Tigre, doctor José Lloret, indicó que son cuatro los adultos heridos, algunos de ellos con politraumatismos diversos, los que ingresaron al establecimiento asistencial, donde no atendieron a ningún chico, según informó.

Dirección

Posteriormente pudo saberse que el vehículo habría sufrido la rotura de su dirección en la curva existente en la bajada de la ruta Panamericana hacia el ramal Tigre, embistiendo una construcción precaria, pero que no habría volcado. También se pudo establecer que el micro regresaba, luego de transportar a los niños a una colonia de vacaciones.

...Y fueron felices para siempre

El Príncipe Carlos y su esposa Diana constituyeron la pareja romántica del año. Millones de televidentes madrugaron para presenciar hasta el último detalle de su boda.

La batalla que todos perdieron
Argentina venció a Brasil por 3-1

3 Las últimas noticias

Vea Ud. el noticiero de televisión o escuche las noticias por la radio, para poder contestar las siguientes preguntas. Su respuesta puede referirse a las informaciones locales, nacionales o internacionales.

Modelo: ¿Hubo algún desastre natural?
Sí, un volcán entró en erupción....

Answers will vary.

1. ¿Dónde se cometió un crimen violento? _____
_____
_____

2. ¿Hubo algún desastre natural? ¿De qué tipo? _____
_____
_____

3. ¿Hubo algún accidente? ¿De avión? ¿De tren? ¿De metro? _____
_____
_____

4. ¿Hubo algún incendio o explosión? ¿Dónde? ¿Qué pasó
_____
_____
_____
_____

5. ¿Qué hay de política en las noticias?
_____
_____
_____
_____

6. Y ¿cómo está el tiempo en su localidad? ¿Y el tiempo en el resto del país?
_____
_____
_____

4 **Un edificio de apartamentos se incendió**
Imagine que Ud. es redactor (*editor*) de un periódico. Complete el siguiente reporte, escribiendo la forma correcta del pretérito del verbo indicado.

Modelo: Los bomberos _____*lucharon*_____ durante tres horas antes de
                                        luchar

poder controlar el fuego.

Incendio en edificio de apartamentos

Un terrible incendio _____**empezó**_____
                                    1. empezar

a las doce y media de la madrugada en

un barrio del suroeste de la ciudad.

Como resultado del fuego, dos

personas _____**murieron**_____ y
                          2. morir

varias _____**quedaron**_____ gravemente
                    3. quedar

heridas. Los residentes de los pisos más

bajos _____**pudieron**_____ escapar
                  4. poder

aunque algunos _____**tuvieron**_____
                            5. tener

que ir al hospital. Bomberos de otras

dos vecindades _____**vinieron**_____
                            6. venir

a ayudar en la lucha contra el fuego,

pero no pudieron controlarlo hasta las

tres y media de la mañana. Este es el

más reciente de una serie de incendios

que ha empezado sospechosamente en

el barrio. Los investigadores no han

informado si tienen sospechosos o no.

Solamente han informado que el

incendio _____**fue**_____ causado
                  7. ser

por una cañería de gas (*gas pipe*) que

_____**estalló**_____. Las autoridades
        8. estallar

suponen que esta última explosión

_____**causó**_____ aproximadamente
        9. causar

setenta y cinco mil dólares en daños.

Nombre: _____ Fecha: _____

5 ¡Qué vacaciones!

Vera, una madrileña, acaba de volver de sus vacaciones en la playa y habla de ellas con su amiga Matilde. Llene los espacios en blanco con una expresión apropiada de la lista siguiente.

de repente	anoche	por la tarde
después	antes	desde que
por la noche	al día siguiente	ese día
anteanoche	antes de	

Modelo: Decidí la ropa que quería llevar ____antes de____ hacer las maletas.

Bueno, volví (1)_____**anoche**_____ y esta mañana te aseguro que nunca más seré una persona supersticiosa. Había planeado mis vacaciones para no salir de aquí el martes trece. Salí una semana (2)_____**antes**_____, el seis de febrero, pero igual... ¡qué mala suerte!

Primero, me desperté tarde (3)_____**ese día**_____ y perdí el autobús para ir al aeropuerto. Cuando por fin llegué al aeropuerto de Barajas, me enteré de que el vuelo estaba retrasado dos horas, debido a que había una neblina muy densa. Al llegar al hotel en Málaga, me dieron una habitación muy pequeña que no daba al (*looked out upon*) mar Mediterráneo. ¡Qué desanimada me sentí! Pero (4)_____**por la tarde**_____, (5)_____**después de**_____ almorzar, fui a la playa para empezar a broncearme. Desgraciadamente me dormí y con mi piel tan blanca me quemé enseguida.

(6)_____**Al día siguiente**_____ las cosas no mejoraron. Mi vecino me llamó para decirme que mi perro había sido atropellado (*run over by a car*) y que estaba en el hospital veterinario. Dos días (7)_____**después**_____, estaba acostada sobre mi toalla en la playa otra vez, cuando (8)_____**de repente**_____ un joven se me acercó corriendo y trató de robarme el bolso. No se escapó con mi dinero porque tropezó contra el barquito de un chiquito que estaba sentado en la arena, bastante cerca. Pero ¡qué susto!

Ese mismo día, (9)_____**por la noche**_____, sentí que no podía más. Ya era demasiado. Y a ver... hoy es lunes... (10)_____**anteanoche**_____, es decir el sábado, conocí a un hombre guapísimo en una discoteca. Me invitó a almorzar el domingo. Pero tuve que decirle que no, porque regresaba. ¡Ay... qué vacaciones!

Somos así 3 Workbook *Capítulo 4* 75

6 **¿Cuánto tiempo hace?**

Complete este texto con las siguientes palabras: *hace, hacer, hacía, hizo.*

El llegó al pueblo (1)_____ **hace** _____ tres años. (2)_____ **Hacía** _____ mucho tiempo que no venía nadie. Al bajarse del tren caminaba lentamente. Posiblemente (3)_____ **hacía** _____ muchas horas que estaba sentado. Yo no recuerdo cuántas horas lleva el viaje.(4)_____ **Hace** _____ más de once años que no lo hago. Cuando apenas (5)_____ **hacía** _____ tres semanas que había llegado, estuve conversando con él en una fiesta. Me contó que ese año, en agosto, iba a (6)_____ **hacer** _____ diez años que hablaba el idioma y que (7)_____ **hacía** _____ veinte años que viajaba por el mundo. Después me sorprendió — por eso lo recuerdo — su respuesta cuando le pregunté su edad. "Ayer (8)_____ **hizo** _____ cuarenta años que nací en un pueblito del norte de la Unión Soviética" dijo muy formalmente. Pensé que Iván era un hombre un poco extraño, pero ya (9)_____ **hace** _____ tiempo que somos buenos amigos.

Lección 14

1 Crucigrama

Lea de nuevo la lectura *Cómo escribir una entrevista* en la Lección 14 de *Somos así 3*. Después, haga este crucigrama.

Horizontales

5. El periódico de la escuela de Marisol y Teresita pidió contribuciones _____ de los lectores.

6. Blanche, la bailarina, todavía no estudiaba en la escuela de Teresita y Marisol porque tenía una _____ en una escuela de ballet.

8. Para decidir a quién entrevistar empezaron con una lista de siete _____ que redujeron a dos.

9. Por fin, tiraron una _____ al aire para decidir entre los dos graduados.

Verticales

1. Antes de la entrevista las chicas se sentían _____ .

2. Por consiguiente, las dos chicas decidieron hacer una entrevista _____ del fin de semana.

3. No podían ponerse de _____ .

4. Después de hacer unas cuantas preguntas, planearon _____ las respuestas.

7. Teresita siempre tenía _____ suerte, ganó su favorita.

2 **¿Y en el imperfecto?**

Cambie las siguientes oraciones al imperfecto.

Modelo: Ernestina *estudia* para ser ingeniera.
Ernestina *estudiaba* para ser ingeniera.

1. Rafael *es* el prometido de Ernestina.

   Rafael era el prometido de Ernestina. _____

2. Ellos *viven* en la ciudad de Barcelona, España.

   Ellos vivían en la ciudad de Barcelona, España. _____

3. Se *ven* todos los días.

   Se veían todos los días. _____

   _____

4. Rafael *trabaja* de farmacéutico en una farmacia.

   Rafael trabajaba de farmacéutico en una farmacia. _____

   _____

5. Ernestina *cumple* sus estudios en la universidad.

   Ernestina cumplía sus estudios en la universidad. _____

   _____

6. Ni Rafael ni Ernestina *desean* esperar mucho tiempo para su casamiento.

   Ni Rafael ni Ernestina deseaban esperar mucho tiempo para su

   casamiento.

7. *Va* a ser una boda muy bonita.

   Iba a ser una boda mug bonita. _____

8. Ellos *tienen* muchos preparativos que hacer.

   Ellos tenían muchos preparativos que hacer. _____

   _____

9. Los dos *quieren* ir a Roma, Italia, para la luna de miel.

   Los dos querían ir a Roma, Italia, para la luna de miel. _____

   _____

10. *Piensan* pasar dos semanas allá.

    Pensaban pasar dos semanas allá. _____

    _____

Nombre: _____ Fecha: _____

3 Usando el imperfecto

A. Haga el papel de los siguientes estudiantes, explicándole a su profesor por qué llegan tarde a clase.

Modelo: *I was in the principal's office.*
Estaba en la oficina del director.

1. ANTONIO: *I was trying to open my locker.*
Trataba de abrir mi armario.

2. CARMEN: *I was talking to another teacher.*
Hablaba con otro profesor.

3. MATEO: *I was getting dressed after gym class.*
Me vestía después de la clase de Educación física.

4. HUMBERTO: *I was watching two girls arguing in the hall.*
Miraba a dos chicas discutiendo en el pasillo.

5. CLARA: *I was finishing my lunch.*
Estaba terminando mi almuerzo.

B. Ahora haga Ud. el papel de Ester, hablando de una amiga imaginaria que tenía a la edad de seis años.

Modelo: *Her name was Lisa.*
Se llamaba Lisa.

1. *She used to play with me when all my other friends were busy.*
Ella jugaba conmigo cuando mis otros amigos estaban ocupados.

2. *She would always play what I wanted to play.*
Ella siempre jugaba a lo que yo quería jugar.

3. *She used to go to school with me.*
Iba a la escuela conmigo.

4. *She would talk to me at night when I was afraid.*
Ella me hablaba por la noche cuando yo tenía miedo.

5. *She always helped me study for tests.*
Siempre me ayudaba a estudiar para los exámenes.

4 ¿Pretérito o imperfecto?

Después de terminar su entrevista con Blanche Hampton, Teresita escribe en su diario sobre la experiencia. Complete el texto con la forma apropiada de los verbos en paréntesis.

Yo _____**estaba**_____ muy nerviosa antes de la entrevista, porque

1. estar

Marisol _____**llevaba**_____ el grabador pero yo

2. llevar

_____**tenía**_____ la lista de preguntas y _____**debía**_____

3. tener · 4. deber

hacérselas a Blanche. Cuando la _____**vimos**_____, Blanche nos

5. ver

_____**saludó**_____ muy amablemente y eso nos

6. saludar

_____**tranquilizó**_____ bastante. Ella _____**estaba**_____

7. tranquilizar · 8. estar

un poco nerviosa también, nos _____**dijo**_____. Cuando

9. decir

_____**terminamos**_____ de preparar el equipo e _____**íbamos**_____

10. terminar · 11. ir

a empezar, alguien _____**llamó**_____ por teléfono y mientras

12. llamar

Blanche _____**hablaba**_____, nosotras _____**conversábamos**_____ en

13. hablar · 14. conversar

voz baja sobre cómo _____**nos sentíamos**_____. Después que

15. sentirse

_____**comenzamos**_____ con las preguntas y respuestas todo

16. comenzar

_____**cambió**_____: no _____**era**_____ tan difícil como

17. cambiar · 18. ser

_____**pensamos**_____ antes. Blanche _____**contestaba**_____ tan bien y

19. pensar · 20. contestar

tan rápidamente que la entrevista se _____**hizo**_____ muy agradable.

21. hacer

La cara de Marisol _____**era**_____ de satisfacción y yo

22. ser

_____**podía**_____ ver que _____**estaba**_____ mucho más tranquila.

23. poder · 24. estar

Yo _____**supuse**_____ que la mía también _____**había**_____

25. suponer · 26. haber

cambiado. ¡Qué suerte! Todo _____**salió**_____ a la perfección.

27. salir

Nosotros _____**disfrutamos**_____ la experiencia y ahora

28. disfrutar

_____**nos sentimos**_____ muy orgullosas. ¡_____**Fue**_____

29. sentirse · 30. ser

muy divertido!

5 ¿Cómo eran?

Olga les muestra su anuario a sus hijos y les cuenta sobre sus antiguos amigos. Escriba una descripción breve de cada persona mencionada, usando el imperfecto y el vocabulario de la sección *A propósito* en la página 168 de *Somos así 3*.

Modelo: Raquel tenía más amigos que nadie y ella era la cantante de un grupo musical.
Raquel era muy amable y sabía cantar muy bien.

1. Nora era bastante inmadura y siempre se enojaba por nada. Siempre quería que nosotros hiciéramos lo que ella prefería. **Nora era infantil y exigente. No podía llevarse bien con otros.**

2. A Tomás no le gustaba hacer nada. Solamente le interesaba dormir. **Tomás era muy perezoso.**

3. Susana siempre olvidaba cosas importantes. Decía cosas ridículas. **Susana era tonta y no sabía qué decir.**

4. A todo el mundo le gustaba Julio. Saludaba a todos, siempre les daba las gracias a otros por todo. **Julio era amable y bien educado.**

5. Pero a pocas personas les gustaba Mario. Creía que tenía razón en todo. Nunca podía admitirlo cuando se había equivocado. **Mario era antipático y orgulloso.**

6. Ahora Héctor es un hombre muy responsable pero cuando era joven nunca obedecía ni a sus padres, ni a sus maestros. Hacía lo opuesto de lo que ellos le habían dicho. **Héctor era rebelde.**

7. Esta es Adela. Ella siempre hablaba—¡especialmente de la vida de otros! Pero también jugaba al béisbol mejor que todas nosotras. **Adela era chismosa y sabía jugar muy bien al béisbol.**

8. Aquí está Alano. Nosotros nos enojábamos con él porque siempre les hacía preguntas a los maestros sobre cualquier cosa que no nos importaba. **Alano era curioso.**

6 La vida de Blanche

Lea de nuevo la entrevista de Marisol y Teresita de la Lección 14 de *Somos así 3*. Después, decida si las frases que siguen son ciertas o falsas. Si son falsas, corríjalas.

Modelo: __F__ Blanche ~~solamente~~ habla inglés. ∧

__F__ 1. Blanche habla el español tan bien como el inglés. *no* ∧

__C__ 2. Los padres de Blanche nacieron en Cuba.

__C__ 3. A Blanche le interesa el baile desde hace muchos años.

__F__ 4. Cada día, Blanche asistía a la escuela ~~después~~ de sus clases de ballet. *antes* ∧

__F__ 5. Ella bailó con la compañía del Tampa Ballet por ~~tres~~ años. *dos* ∧

__C__ 6. Aunque no asistía a la escuela durante el día, todavía tenía tareas que hacer de noche.

__F__ 7. Blanche ~~no~~ practicaba durante las vacaciones.

__C__ 8. Blanche se mudó a Nueva York a la edad de dieciséis años.

7 ¿Acento o no?

Ponga un círculo alrededor de la palabra apropiada entre paréntesis para completar lógicamente las siguientes oraciones.

1. ¿(De, Dé) quién es este bolígrafo?

2. ¡No puedo encontrar (mi, mí) informe para la clase de sociología!

3. Emilia no dijo (cual, cuál) anillo ella quiere.

4. Señor Chávez, hoy es mi cumpleaños. (Deme, Déme) una calificación excelente, por favor.

5. Es un secreto. No (se, sé) lo digas a Javier.

6. Estas vacaciones son (cómo, como) un sueño.

7. (Solo, Sólo) me faltan cinco dólares.

8. Creo (que, qué) la señora Garmendia está en el hospital.

9. (Si, Sí) me ayudas a pasar la aspiradora, voy a ayudarte a cortar el césped.

10. Lo siento, pero (aun, aún) no ha vuelto a casa.

Lección 15

1 Tito y Olga

Repase el diálogo *Dónde está el periódico* de la Lección 15 de *Somos así 3*. Después, complete cada frase a la izquierda con el segmento apropiado de la derecha, poniendo la letra apropiada en el espacio en blanco.

A 1. Tito y Olga leen el periódico...

D 2. Ese día la primera cosa que Tito leyó fue...

I 3. El había cambiado su hábito...

C 4. Ahora Olga ha cambiado de opinión...

F 5. Casi siempre ella lee solamente las noticias de primera plana porque...

B 6. Antes, Tito creía que leer las historietas cómicas...

H 7. Olga dejó de leer las historietas cómicas porque...

E 8. Según Tito, leer el periódico...

A. antes de la hora de almorzar.

B. era una cosa infantil.

C. sobre el horóscopo.

D. la cartelera.

E. le ofrece a uno la oportunidad de cambiar de opinión.

F. se requiere un rato para leer más y ella está ocupada.

G. durante el fin de semana.

H. Tito la fastidiaba, diciéndole que necesitaba crecer.

I. de leer los deportes primero.

2 Sopa de letras

Encuentre trece palabras referentes a secciones de un periódico o algunas que pueden ser leídas en un reportaje. (Los acentos no están incluidos.) Los palabras están organizadas en forma vertical, horizontal, diagonal y también pueden estar escritas al revés.

```
Y  I  Q  I  J  F  E  D  I  T  O  R  I  A  L
S  U  P  L  E  M  E  N  T  O  C  V  M  X  Z
A  S  E  S  I  N  A  T  O  U  V  A  F  W  S
R  E  J  U  D  R  O  R  T  M  R  E  R  Q  A
E  O  A  C  S  O  P  L  E  G  Y  U  R  M  Z
L  G  T  E  F  B  I  O  I  D  Z  H  R  X  N
E  I  R  S  U  J  L  C  H  E  E  B  H  F  A
T  T  O  O  D  B  U  B  I  I  U  C  Q  Z  N
R  S  P  X  S  R  B  U  I  U  I  S  U  W  I
A  E  E  C  C  T  V  Z  X  J  J  P  L  S  F
C  T  R  C  I  R  P  O  L  I  T  I  C  A  R
```

3 Leyendo el periódico

Lea el reportaje y conteste las siguientes preguntas. Busque en un diccionario las palabras que Ud. no conoce.

Declara el chofer de un ómnibus asaltado

CORDOBA, 15 (DYN). — ·Luis Oscar Quinteros, el chofer del micro asaltado en las afueras de Córdoba el domingo último cuando se dirigía hacia Brasil, narró a una emisora local detalles del operativo montado por los ladrones.

Comentó que a unos 12 kilómetros de esta capital se levantaron de sus asientos cuatro individuos que habían ascendido a pocos minutos de la partida del micro, que llevaba turistas a la zna fronteriza entre Argentina y Brasil.

"Uno de ellos —relató Quinteros— me encañonó con un arma de grueso calibre y me obligó a desviar el coche por un camino secundario a la altura de un hotel por hora, ubicado a la vera de la ruta. y me dijo que no hiciera ningún movimiento raro porque ya había matado a cinco, y no tenía inconvenientes en tirar del gatillo".

Los ladrones ordenaron al conductor que hiciera retirar a los coordinadores del viaje y al conductor de relevo que se encontraban en los primeros asientos, justo en el momento en que se acercaba un Chevy color verde en el que se transportaban otros dos individuos.

En ese momento, según explicó Quinteros, "comenzaron a arrojar bolsos y otras pertenencias de los viajeros por las ventanillas, y ordenaron bajar a la totalidad del pasaje para revisarlos".

"Uno de los maleantes —continuó— se dirigió entonces hacia una de las ruedas delanteras del vehículo con el propósito de desinflar el neumático, pero luego desistió de su intención".

Finalmente indicó el chofer que "podría reconocer muy poco de la apariencia física de los asaltantes", pero precisó que el que lo apuntaba "vestía ropa gris y anteojos recetados" y que todos manipuleaban armas tales como dos pistolas 9 milímetros y dos revólveres calibre 38.

1. ¿Quién es Luis Oscar Quinteros?

   Es el chofer del ómnibus que fue asaltado.

2. ¿Dónde sucedió el asalto?

   Sucedió en las afueras de Córdoba (en Argentina).

3. ¿Por qué menciona el reportaje al Brasil?

   El autobús se dirigía hacia Brasil.

4. ¿Qué sucedió a doce kilómetros de la capital?

   Se levantaron cuatro individuos de sus asientos. Uno encañonó *(held him*

   at gunpoint) **al chofer y lo obligó a desviar** *(divert)* **el coche.**

5. ¿Qué sucedió después?

   Los ladrones comenzaron a arrojar los bolsos de los viajeros por

   las ventanillas.

6. ¿Qué dijo finalmente el chofer con respecto a reconocer a los asaltantes?

   Dijo que no podría reconocer a los asaltantes pero recordaba que uno vestía

   ropa gris y anteojos recetados.

4 El vandalismo

Haga Ud. el papel de David y complete su descripción de lo que pasó, usando el imperfecto o el pretérito de los verbos apropiados de la lista.

arrestar	caer	correr	empezar
entrar	estar	hacer	ir
llevar	llover	ser	tener
ver			

Modelo: ___*Era*___ de noche y ___*hacía*___ frío. ___*Caía*___ una lluvia persistente y las calles ___*estaban*___ muy mojadas y resbalosas.

_____**Eran**_____ las nueve menos cuarto de la noche. Yo

_____**iba/corría**_____ en mi bicicleta por la calle delante del colegio.

_____**Hacía**_____ viento y _____**llovía**_____ ligeramente. Yo

_____**vi**_____ a tres jóvenes sospechosos, dos chicos y una chica. Uno

_____**era**_____ alto y rubio. _____**Llevaba/Tenía**_____ lentes. El otro

_____**era**_____ bajo y robusto. _____**Tenía**_____ el pelo moreno.

La chica también _____**tenía**_____ el pelo moreno, rizado y por los hombros.

Ella _____**era**_____ delgada. Yo los _____**vi**_____

rompiendo una ventana trasera del edificio. Ellos _____**entraron**_____. Dos

_____**empezaron**_____ a escribir en las paredes y el tercero a romper libros.

_____**Corrí**_____ a llamar a la policía. Los_____**arrestó**_____ a las

nueve y diez.

5 Un juego de pronombres relativos

Llene los espacios en blanco con uno de los pronombres relativos que se ven en el tablero. Varios se usan más de una vez.

Modelo: El hombre _____que_____ es maestro de ceremonias es mi cuñado.

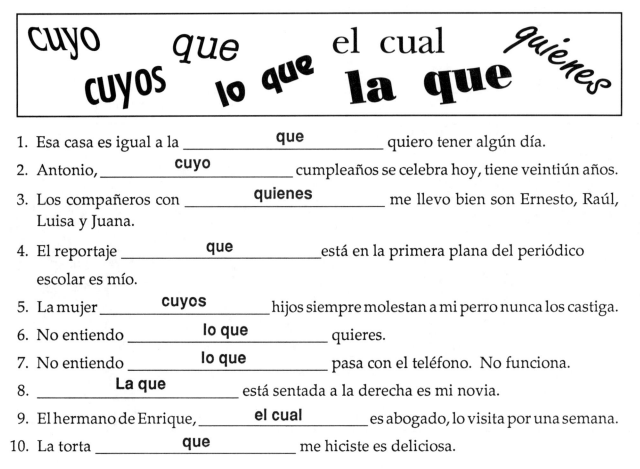

1. Esa casa es igual a la _____que_____ quiero tener algún día.

2. Antonio, _____cuyo_____ cumpleaños se celebra hoy, tiene veintiún años.

3. Los compañeros con _____quienes_____ me llevo bien son Ernesto, Raúl, Luisa y Juana.

4. El reportaje _____que_____ está en la primera plana del periódico escolar es mío.

5. La mujer _____cuyos_____ hijos siempre molestan a mi perro nunca los castiga.

6. No entiendo _____lo que_____ quieres.

7. No entiendo _____lo que_____ pasa con el teléfono. No funciona.

8. _____La que_____ está sentada a la derecha es mi novia.

9. El hermano de Enrique, _____el cual_____ es abogado, lo visita por una semana.

10. La torta _____que_____ me hiciste es deliciosa.

6 Usando pronombres relativos

Conecte lógicamente con una línea las frases de la izquierda con las de la derecha. Cada frase se usa sólo una vez.

1. Ese es el testigo...   el cual escribe para el periódico.

2. Me paga mejor la mujer...   quien lo dijo.

3. No me gusta la familia...   del que me habló la juez.

4. De todos, Gustavo es...   lo que pasó antes del choque.

5. Debes averiguar...   el que me enoja más que nadie.

6. Ella es la testigo...   cuyo césped corto cada semana.

7. Es el hermanastro de Francisco...   cuyos gatos lloran toda la noche.

8. Explícame cuidadosamente...   con quien estábamos hablando en la corte.

Lección 16

1 Burlándose de la maestra

Imagine que Ud. es un/a estudiante de la clase de la señora Cortés. Es la hora de almorzar y Ud. se reúne con algunos amigos en la cafetería. Complete el siguiente párrafo para decirles lo que pasó en la clase de esta mañana, según lo que Ud. leyó en *La historia se hace todos los días* de la Lección 16 de *Somos así 3*.

Answers will vary.

Uds. no van a creer lo que le pasó a la señora Cortés esta mañana. Ella nos daba una explicación sobre el continente americano cien años antes de la llegada de los peregrinos . . .

2 **Lo que había ocurrido antes**

Complete las siguientes frases, expresando qué había ocurrido antes de las acciones que se describen, y usando el pluscuamperfecto de los verbos indicados.

Modelo: ___Había oído___ sobre la tormenta antes de leer el periódico. (oír)

1. Cuando ella nos llamó, nosotras ya ___habíamos salido___ . (salir)

2. Esteban y Marta vinieron a la hora de la cena, pero no comieron nada pues ya ___habían cenado___ . (cenar)

3. Nuestro avión ___se había ido___ cuando llegamos al aeropuerto. (irse)

4. Al cumplir los veintiún años Cecilia ya ___se había casado___ . (casarse)

5. ¿Tú ya ___habías llegado___ al colegio cuando descubriste que llevabas zapatos de diferentes colores? (llegar)

6. ___Había pensado___ llamarte antes de venir, pero me olvidé. (pensar)

7. No he cortado el césped porque mi hermano ya lo ___había hecho___ . (hacer)

8. Hasta que te conocimos nosotros nunca ___habíamos tenido___ tanta suerte. (tener)

9. Cuando Jaime se lo pidió, Uds. ya lo ___habían conseguido___ . (conseguir)

10. No quizo venir al cine con nosotros porque ya ___había visto___ la película. (ver)

3 **Dos acciones en el pasado**

Escriba oraciones lógicas, usando los elementos dados. Siga el modelo.

Modelo: mi hermana mayor/ya graduarse de la escuela secundaria/cuando/
yo/empezar la escuela primaria

Mi hermana mayor ya se había graduado de la escuela secundaria
cuando yo empecé la escuela primaria.

1. anoche/ya acostarme/a las diez

   Ya me había acostado anoche a las diez.

2. cuando nosotros/llegar/a la casa de Antonio/él/salir

   Cuando nosotros llegamos a la casa de Antonio él ya había salido.

3. cuando mi padre/cumplir dieciseis años/él/ya trabajar/cuatro años

   Cuando mi padre cumplió dieciseis años él ya había trabajado cuatro años.

4. antes de recibir esta calificación de cuatro/Paquito/sacar solamente notas de cinco

   **Antes de recibir esta calificación de cuatro, Paquito había sacado solamente
   notas de cinco.**

5. yo/ir a llamarte/pero/Mariluz/ya lo hacer

   Yo iba a llamarte pero Mariluz ya lo había hecho.

6. a la edad de once años/él/ya viajar a quince países con sus padres

   **A la edad de once años él ya había viajado a quince países
   con sus padres.**

7. la esposa del hombre/llegar al hospital en seguida pero/el ya/morir

   La esposa del hombre llegó al hospital en seguida pero él ya había muerto.

4 Hablando con ella por otro

A Ramón le gusta Matilde, pero tiene vergüenza de hablarle por teléfono para invitarla al cine. Su amigo Guillermo la llama por él. Haga el papel de Guillermo, escribiendo lo que Matilde dice durante la conversación, para que Ramón lo lea.

MATILDE: No hago nada, escucho música.

GUILLERMO: <u>Dijo que no hacía nada, escuchaba música.</u>

MATILDE: Sí, salía con Eduardo antes pero ahora no.

GUILLERMO: **Dijo que antes salía con Eduardo pero ahora no.**

_____

MATILDE: ¿Y cómo es tu amigo a quien le gusto? ¿Lo conozco?

GUILLERMO: **Me preguntó cómo eras tú y si ella te conocía.**

_____

MATILDE: ¿Por qué no me habla él mismo?

GUILLERMO: **Preguntó por qué no le hablabas tú mismo.**

_____

MATILDE: Sí, voy al cine frecuentemente.

GUILLERMO: **Dijo que iba al cine frecuentemente.**

MATILDE: Prefiero las películas de aventura.

Dijo que prefería las películas de aventura.

GUILLERMO: _____

MATILDE: ¿Cuándo piensa ir al cine?

GUILLERMO: **Preguntó cuándo pensabas ir al cine.**

_____

MATILDE: Quiero conocerlo antes, tal vez el miércoles después de clase.

GUILLERMO: **Dijo que quería conocerte antes, tal vez el miércoles**

después de clase.

MATILDE: Pues, ¿puede ir conmigo mi amiga Anita?

GUILLERMO: **Preguntó si su amiga Anita podía ir con ella.**

_____

MATILDE: Tengo que irme. La cena está lista. Hasta luego.

GUILLERMO: **Dijo que tenía que irse porque la cena estaba lista.**

_____

5 Gente primitiva

Imagine cómo era la vida cotidiana *(daily)* durante la época de los peregrinos. Escriba una composición describiéndola, incluyendo respuestas a estas preguntas: *¿Cómo eran las casas? ¿Qué comían? ¿Cómo se vestían? ¿Cómo era su pelo? ¿Fumaban o no? ¿Les interesaba mantenerse en forma? ¿Qué hacían para divertirse? ¿Cómo se comunicaban?*

Answers will vary.

_____

_____

_____

_____

_____

_____

_____

_____

_____

_____

_____

_____

_____

_____

_____

_____

_____

_____

_____

_____

_____

_____

_____

_____

Selecciones literarias

¿Cómo era Cristóbal Colón?

Lea lo siguiente sobre Cristóbal Colón y su proyecto. Mencione por lo menos una cosa de la lectura que confirme cada oración.

Modelo: Era un hombre religioso.
Quería convertir a los indígenas a la fe cristiana.

1. No era un hombre que se daba por vencido.
   Primero le pidió al rey de Portugal tres barcos. Se los pidió a la reina Isabel
   durante cinco años antes de recibirlos.

2. Colón no era un hombre miedoso sino aventurero.
   Cuando salió de España no sabía por seguro que el mundo era redondo.
   Pero probaba fortuna de buena gana.

3. La reina Isabel también era una mujer aventurera a quien le interesaba más ser reina que tener riqueza.
   Ella vendió sus joyas personales para hacer posible el viaje de Colón.
   _____

4. Colón era optimista y respetaba a los otros hombres.
   En seguida quiso obtener la amistad de los indígenas. También dijo que
   ellos eran bellos y bien hechos. No quería engañarlos.

5. Colón admiraba la inteligencia de los indígenas.
   Dijo que muy pronto ellos podían decir cosas en su lenguaje.
   _____

6. Colón no abusaba de su poder.
   Dijo que prefería ganar la amistad de los indígenas y convertirlos por amor
   y no por la fuerza. También tenía armas superiores pero no las usaba.
   _____

7. Era un hombre que apreciaba la naturaleza.
   Dijo que Cuba era la tierra más hermosa que había visto. Mencionó las
   flores, las aves, los árboles y la hierba.
   _____

CAPITULO 5

Lección 17

1 Carlos aprende a manejar

Complete cada oración para que sea verdad según el diálogo *Aprendiendo a manejar* de la Lección 17 de *Somos así 3*.

Modelo: Carlos se pone nervioso por ___su clase de manejar___.

SEÑOR CONDUCTOR:

Antes de adelantar a otro vehículo, visualice tanto a quienes lo siguen como a los que vienen en sentido contrario.

Al ser adelantado, ayude al otro conductor manteniendo su derecha y reduciendo su velocidad.

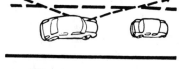

Possible answers:

1. El instructor de Carlos es ____un hombre impaciente____.

2. Carlos no tenía apuro por aprender a manejar. Pero lo tuvo después de que su tío ____prometió regalarle____ un coche para su cumpleaños.

3. El señor Luis le grita que tenga cuidado porque ____Carlos se acercó demasiado a otro coche____.

4. Antes de cambiar de carril, Carlos tiene que ____mirar por el espejo____.

5. Cuando el instructor le dice que doble en la esquina, Carlos no entiende ____por dónde tiene que ir____.

6. Después de doblar en la esquina, el señor Luis sugiere que Carlos trate de ____estacionar____.

7. El señor Luis no le hace caso a Carlos cuando éste ____se pone nervioso y no quiere estacionar____.

8. Según el instructor, aprender a estacionar requiere ____mucha práctica____.

9. Al fin de la clase, Carlos se siente ____satisfecho____.

2 Manejando desde el asiento trasero

Alfredo es taxista en Miami. Ha recogido a dos mujeres mayores, una de las cuales es del tipo de persona que quiere encargarse de todo. Haga el papel de ella, llenando los espacios en blanco con un mandato formal negativo o afirmativo del infinitivo entre paréntesis.

Modelo: _____No ponga_____ el auto en marcha todavía. Tengo que ponerme el cinturón de seguridad. (poner)

1. **No fume** _____ mientras nos lleva en el taxi. (fumar)

2. **Tenga** _____ mucho cuidado. No me gusta cuando hay tanto tránsito. (tener)

3. **Conduzca** _____ con las dos manos. (conducir)

4. **No corra** _____ . (correr)

5. **No cambie** _____ de carril tan frecuentemente. (cambiar)

6. **No se distraiga** _____ en esa esquina, es muy peligrosa. (distraerse)

7. **No me cobre** _____ cuando estamos parados en un semáforo. (cobrar)

8. **Baje** _____ la radio, por favor. No soy sorda. (bajar)

9. **Encienda** _____ el aire acondicionado. Nos morimos de calor. (encender)

10. **Respete** _____ las señales de tránsito. (respetar)

11. **No se mire** _____ por el espejo retrovisor. (mirarse)

3 **Señales de tránsito**

Escriba la letra de la señal que corresponda con cada uno de los siguientes mandatos.

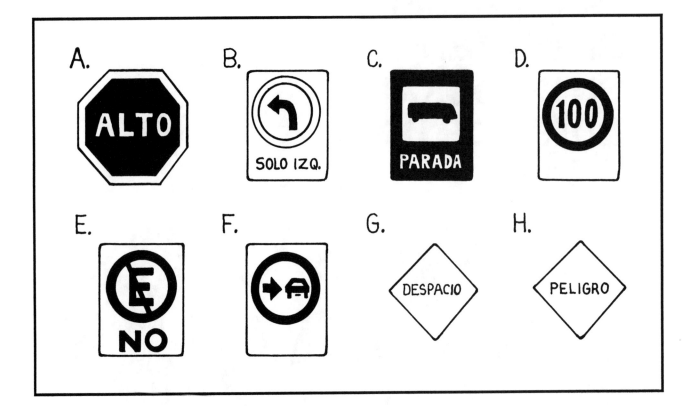

   A   1. Pare.

   E   2. No se estacione Ud. aquí.

   B   3. Doble sólo a la izquierda.

   C   4. Espere aquí para el autobús.

   H   5. Tenga cuidado.

   G   6. Vaya despacio.

   F   7. Mantenga su derecha.

   D   8. No exceda 100 kilómetros por hora.

Nombre: _____   Fecha: _____

4 El pobre tío Luis

Tío Luis, que es soltero, cuida a sus sobrinitos. A la hora de acostarse, los niñitos le piden o le sugieren muchas cosas. Escriba la forma apropiada del imperativo, usando la forma de *nosotros* si habla Anita o Carlitos o la forma de *ustedes* si habla tío Luis.

Modelos: ANITA: _____Leamos_____ un libro. (leer)
TIO LUIS: _____Acuéstense_____ jóvenes. (acostarse)

CARLITOS: _____**Comamos**_____ un helado. (comer)

TIO LUIS: No. Tu madre me dijo que Uds. tenían que acostarse a las ocho en punto.
_____**Suban**_____ . (subir)

ANITA: Pero tío Luis, tengo sed. _____**Bebamos**_____ algo. (beber)

TIO LUIS: Muy bien, pero rapidísimo. _____**Díganme**_____ qué quieren. (decirme)

CARLITOS: _____**Tomemos**_____ un refresco. (tomar)

ANITA: No, _____**Hagamos**_____ un batido de chocolate. (hacer)

TIO LUIS: _____**Cállense**_____ . Tienen que tomar leche. (callarse)

ANITA: Y _____**veamos**_____ un programa de televisión mientras la bebemos. (ver)

CARLITOS: ¡Buena idea! _____**Miremos**_____ la teleguía. (mirar)

TIO LUIS: _____**Cálmense**_____ Sólo van a tomar un vasito de leche y después van a acostarse en seguida. (calmarse)

CARLITOS: Anita, _____**busquemos**_____ un libro para que tío nos lo lea. (buscar)

TIO LUIS: ¡Ay Dios! _____**Déjenme**_____ en paz y _____**acuéstense**_____ o se lo diré a su madre. (dejarme/acostarse)

CARLITOS: _____**Vámonos**_____ , Anita. (irse) No queremos que mamá se enoje con nosotros. Recuerda que tenemos boletos para el circo mañana.... (recordar)

Somos así 3 Workbook   Capítulo 5   97

5 **El gerente nuevo**

La empresa para la cual trabaja Rodolfo tiene un gerente nuevo. El no le cae bien a nadie porque es perezoso, da muchas órdenes y es desconsiderado. Lea las siguientes situaciones que su asistente le explica. Haga el papel del gerente, diciendo en español las cosas indicadas en inglés.

ASISTENTE: Hace quince minutos que el señor Vargas esta aquí para verlo. ¿Está listo para recibirlo? *(No, let him wait.)*

GERENTE: No, que espere _____.

ASISTENTE: El carro de la compañía está descompuesto y Mariana necesita ir a ver a un cliente importantísimo hoy. *(Let her drive her own car.)*

GERENTE: **Que maneje su propio carro.**

ASISTENTE: Señor, Ud. tiene que entregarle el informe mensual al presidente de la compañía la semana que viene. ¿Lo tiene listo para que yo lo escriba a máquina? *(No. Have Alfredo write it this month.)*

GERENTE: **No, que este mes lo escriba Alfredo.**

ASISTENTE: Consuelo tiene una cita médica y por eso no estará en la oficina esta tarde. ¿Está bien? *(No. Let her change the date and time of her appointment.)*

GERENTE: **No, que cambie la fecha y la hora de su cita.**

ASISTENTE: Ramón y Esteban no han terminado la tarea que Ud. les dio esta mañana y no han podido salir a almorzar aunque ya son las dos y media. ¿Pueden salir ahora? *(Don't let them leave yet. Have them finish the job first.)*

GERENTE: **Que no se vayan todavía. Que terminen la tarea primero.**

ASISTENTE: La señora Ramírez, una recepcionista excelente, ha trabajado aquí por cuatro años sin recibir aumento de sueldo. ¿Puede hablar con Ud. acerca de este asunto? *(No. Have her ask the vice president about it.)*

GERENTE: **No, que se lo pida al vicepresidente.**

Lección 18

1 No más perdidos

Lea las siguientes frases que tratan del diálogo *Perdidos en la ciudad* de la Lección 18 de *Somos así 3*, y póngalas en el orden cronológico según cómo ocurrieron las acciones.

__5__   Alicia se bajó del coche y le pidió direcciones a un policía de tránsito.

__1__   Carlos y Alicia compraron boletos caros para un concierto.

__3__   Alicia siguió el plano de la ciudad para decirle a Carlos cómo llegar a la Calzada Internacional.

__6__   El policía amable le dijo a Alicia dónde quedaba la avenida que ella y Carlos buscaban.

__4__   Los dos jóvenes trataron de leer un letrero para averiguar dónde estaban.

__7__   Alicia esperó hasta que la luz cambió.

__8__   Alicia cruzó la calle repitiendo lo que le había dicho el policía.

__2__   Carlos y Alicia se perdieron en la ciudad.

__10__   Carlos se dio cuenta de que iban a llegar a tiempo al concierto.

__9__   Alicia le dijo a Carlos lo que el policía le dijo a ella.

2 ¿Dónde está?

Complete las siguientes oraciones desde el punto de vista del policía de acuerdo con la ilustración, llenando los espacios en blanco con una de las siguientes expresiones: *a la derecha (de)*, *a la izquierda (de)*, *a una cuadra (de)*, *debajo (de)*, *dentro (de)*, *enfrente (de)*, *en la esquina (de)*, *entre*, *sobre*. Cada expresión se usa sólo una vez.

Modelo: La oficina de turismo está _____ a una cuadra _____ de aquí.

1. El semáforo está _____**en la esquina de**_____ la calle 3ª y la Avenida 7ª.

2. El gato está _____**sobre**_____ el autobús.

3. El carro de bomberos está _____**dentro de**_____ la estación.

4. La comisaría está _____**entre**_____ la joyería y la oficina de turismo.

5. El árbol está _____**enfrente de**_____ la joyería.

6. La oficina de correos está _____**a la izquierda de**_____ la estación de bomberos.

7. La barbería está _____**debajo de**_____ la tienda de modas.

8. La tienda de modas y la barbería están _____**a la derecha de**_____ la estación de bomberos.

3 **Lugares en la ciudad**

Diga dónde ocurre lo siguiente de acuerdo con lo que se dice en cada oración.

Modelo: _____la mueblería_____ Quiero comprar un sofá-cama y dos sillas.

En BULEVAR NIZA
nuevo servicio de: **Las Gatas**

PELUQUERIA UNISEXO

Estilistas especializados

★ ILUMINACIÓN con Carlos López
★ MAQUILLAJE con Maria Consuelo de Devecchis
★ MOLDEADO con Julian Ramírez

Centro Comercial BULEVAR NIZA
Local 288 - Torre Plazoleta Triangular
Tels. 2260277 - 2267955

Las Gatas
● PANTIES ● BRASSIERES ● MEDIAS

la gasolinera _____ 1. Llene el tanque y mire el aceite, por favor.

la óptica _____ 2. Estoy buscando unos lentes de contacto de color azul.

la peluquería _____ 3. ¿Cómo le gustaría que le arregle el cabello?

la dulcería _____ 4. ¿Le puedo ofrecer estos ricos dulces de chocolate? ¡Son sabrosos!

la ferretería _____ 5. Estoy buscando algunas cosas para reparar el baño de mi casa.

la relojería _____ 6. Podemos tenerle listo su reloj en quince días.

la joyería _____ 7. ¿Tiene Ud. collares de perlas?

la papelería _____ 8. Necesito papel, un lápiz y algunos bolígrafos.

Nombre: _____ Fecha: _____

4 ¡Qué confusión!

Cristina está por graduarse del colegio y tiene muchas decisiones que tomar. Ella es una persona razonable y por eso pide consejos a otros y los escucha. El problema es que recibe muchos consejos opuestos. Indique estos consejos, escribiendo la forma *yo* del subjuntivo de cada verbo indicado.

Modelo: Mi madre quiere que _____**compre**_____ un vestido nuevo para
comprar

el día de graduación.

Mi padre me dice que _____**lleve**_____ uno que ya tengo. Mi consejera
llevar

me dice que _____**piense**_____ en lo que quiero hacer después de
pensar

graduarme. Mi madre me dice que _____**vaya**_____ a la universidad y
ir

que _____**decida**_____ en una carrera específica más tarde. Mi mejor
decidir

amiga me aconseja que le _____**dé**_____ una cadena de oro a mi
dar

novio para su graduación. Mi padre quiere que _____**sea**_____ más
ser

razonable y que le _____**regale**_____ algo menos caro. Mis padres
regalar

insisten en que _____**haga**_____ una fiesta para mis parientes. Mis
hacer

amigos me dicen que _____**tenga**_____ una fiesta sólo para jóvenes. Mi
tener

padre quiere que _____**sea**_____ abogada pero mi madre prefiere que
ser

_____**siga**_____ medicina. Mis amigos que ya se graduaron me
seguir

sugieren que _____**busque**_____ un trabajo de media jornada. Pero mis
buscar

padres prefieren que _____**me preocupe**_____ sólo de mis estudios. Mi
preocuparse

compañera de cuarto me pide que _____**traiga**_____ mi carro a la
traer

universidad. Por supuesto mis padres exigen que yo lo _____**deje**_____
dejar

en casa. ¡Ay! ¡Tantas decisiones que tomar y tantos consejos diferentes!

5 Repitiendo los mandatos

Indique qué quieren hacer las siguientes personas, según las indicaciones que se dan.

Modelo: mis padres/insistir/yo/decir la verdad
Mis padres insisten en que yo diga la verdad.

1. el instructor de manejar/insistir en/todos/abrocharse el cinturón de seguridad

   El instructor de manejar insiste en que todos se abrochen el cinturón de seguridad.

2. la Sra. Hernández/mandar/mi hermana/fregar los platos

   La Sra. Hernández manda que mi hermana friegue los platos.

3. mis abuelos/pedir/nosotros/apagar la radio

   Mis abuelos piden que nosotros apaguemos la radio.

4. mamá/decir/tú/tender la cama en seguida

   Mamá dice que tiendas la cama en seguida.

5. nuestros padres/querer/nosotros/salir bien en todas las clases

   Nuestros padres quieren que nosotros salgamos bien en todas las clases.

6. el doctor Negrón/exigir/su recepcionista/saludar cortésmente/a todos los pacientes

   El doctor Negrón exige que su recepcionista salude cortésmente a todos los pacientes.

7. mamá/decir/tú/empezar/tus quehaceres domésticos ahora mismo

   Mamá dice que empieces tus quehaceres domésticos ahora mismo.

8. mi padre/querer/yo conocer muy bien la ciudad antes de/empezar a manejar

   Mi padre quiere que yo conozca muy bien la ciudad antes de empezar a manejar.

6 **¿Qué quieren otras personas que Ud. haga?**

Complete las siguientes frases de acuerdo a su propia vida, o invente respuestas posibles si Ud. prefiere.

Modelo: Mi novio/novia quiere....

Mi novio/novia quiere que yo lo/la llame todos los días.

Answers will vary.

1. Mis padres siempre insisten en que _____

_____

_____ .

2. Nuestro/a profesor/a de español exige que nosotros _____

_____

_____ .

3. Mi abuela siempre quiere que _____

_____

_____ .

4. Nuestro entrenador (de cualquier deporte) nos dice que _____

_____

_____ .

5. Ordeno a mi hermanito/a que _____

_____

_____ .

6. Mi jefe/a me pide que _____

_____

_____ .

7. Mi mejor amigo/a me sugiere que _____

_____

_____ .

8. Mi tío prefiere que _____

_____

_____ .

Lección 19

1 Omita lo falso

Repase el diálogo *En la ciudad* de la Lección 19 de *Somos así 3*. Después, escriba la letra de la terminación que complete correctamente la frase.

Modelo: __B__ Tomás...

        A. parece triste.
        B. no dice mucho.
        C. quiere hacer cualquier cosa.

__C__ 1. La abuela de los jóvenes...

        A. quiere compartir la visita de sus nietos.
        B. probablemente vive bastante cerca de ellos.
        C. no quiere que sus nietos la decepcionen.

__B__ 2. Elena...

        A. no piensa en nada para hacer.
        B. quiere empezar por La Galería.
        C. es una persona fascinante porque le interesan muchas cosas.

__C__ 3. Laura...

        A. debe de ser una persona aburrida.
        B. no piensa mucho en el tiempo y cómo pasarlo.
        C. es una persona con intereses distintos.

__C__ 4. Los parientes de Tomás...

        A. no tienen planes para visitarlo.
        B. quieren que él pase un rato con ellos.
        C. vienen el sábado o el domingo.

__B__ 5. Andrés...

        A. parece una persona que nunca piensa.
        B. trata de organizar todas sus ideas.
        C. no tiene un pasatiempo preferido.

__C__ 6. Tomás...

        A. tiene ganas de agradar a sus primos disfrutando las actividades que sugieren.
        B. tiene mucho en común con sus primos.
        C. no está interesado en las propuestas de sus primos.

2 Los deseos de otras personas

Alonso le explica a David la manera en que los deseos de otras personas afectan su vida. Complete las oraciones, usando el subjuntivo del infinitivo entre paréntesis.

Modelo: Mis abuelos esperan que yo _____me encargue_____ del negocio familiar. (encargarse)

```
Carrera:
DISEÑO GRAFICO
Areas Formativas:
Creatividad - Expresión
Gráfica - Fotografía -
Sistemas de Impresión -
Dibujo y Tecnología
Grafo/Visual
Título:
Diseñador Gráfico
Mención: Tecnología Visual
Duración: 6 Semestres
Programas Reconocidos por el
Ministerio de Educación
```

```
Carrera:
COMUNICACION
ESCENICA
Areas Formativas:
Locución - Actuación -
Animación - Artes de la
Representación - Teatro y
Espectáculos Audiovisuales
Título:
Comunicador Escénico
Duración: 4 Semestres
Programas Reconocidos por el
Ministerio de Educación.
```

```
Carrera:
PUBLICIDAD
Areas Formativas:
Creatividad - Cuentas -
Medios - Marketing -
Comunicación Persuasiva
Título:
Publicista
Duración: 6 Semestres
Programas Reconocidos por el
Ministerio de Educación.
```

1. Mi padre desea que yo _____siga_____ los estudios de publicidad. (seguir)

2. Mi madre me suplica que _____asista_____ a una universidad que esté a no más de cien kilómetros de nuestra casa. (asistir)

3. Naturalmente, mi novia prefiere que nosotros _____vayamos_____ juntos a la misma universidad. (ir)

4. Pero sus padres insisten en que nosotros _____escojamos_____ universidades diferentes. (escoger)

5. La universidad que me interesa más exige que los alumnos nuevos _____vivan_____ en los dormitorios. (vivir)

6. Mis padres me permiten que yo _____tenga_____ mi propio apartamento. (tener)

7. Pero no me dejan que _____gaste_____ más de mil bolívares por semestre. (gastar)

8. Ellos quieren que mi hermanito también _____piense_____ en los costos de su educación universitaria. (pensar)

9. Las reglas de la universidad prohiben que los alumnos de primer año _____conduzcan_____ dentro del campo universitario. (conducir)

3 Querida Sabelotodo

Querida Sabelotodo contesta las cartas que le piden consejos en el periódico, pero ahora ella está de vacaciones. Tome su lugar, contestando las siguientes cartas según su opinión.

Modelo: *Querida Sabelotodo: Tengo diecisiete años y mi novio tiene dieciocho. Queremos casarnos en seguida después de graduarnos. Nuestros padres opinan que no somos bastante maduros. ¿Qué piensa Ud.?*

Contestación: Es mejor que ustedes esperen unos años.

Answers will vary.

Querida Sabelotodo: Hace dos semanas que mi novio rompió conmigo. Quiero hablar con él, pero cuando lo llamo por teléfono su hermano siempre dice que no está en casa. ¿Qué hago?

Contestación: Es inútil que _____

_____.

Querida Sabelotodo: Soy un hombre de sesenta y tres años de edad. No me he sentido bien durante el último mes pero no se lo he dicho a mi esposa. No quiero que ella se preocupe. ¿Qué me aconseja Ud.?

Contestación: Es preciso que _____

_____.

Querida Sabelotodo: Mis padres han estado divorciados por cinco años. Mi padre, que vive en otra ciudad, se va a casar otra vez y quiere que yo asista a la boda. Yo no quiero ir. Tengo trece años y no conoceré a nadie allá. Además, estoy segura que no me gustará la nueva esposa de mi padre. ¿Cómo se lo digo a él?

Contestación: Es una lástima que _____

_____.

Querida Sabelotodo: Nuestra única hija acaba de graduarse del colegio y asistirá a una universidad en el otoño.   Su padre y yo queremos que ella trabaje durante el verano.   Ella rechaza la idea, diciendo que ella necesita divertirse.   Dice también que es nuestra responsabilidad darle dinero.   ¿Qué opina Ud.?

Contestación: Es ridículo que _____

_____.

Querida Sabelotodo: Soy el hijo mayor de mi familia.   Mis padres siempre esperan que yo saque las mejores calificaciones y que obedezca a todo lo que me dicen. También, permiten que mis hermanos tengan privilegios a una edad en que a mí no me permitieron lo mismo. Todo eso me molesta.   ¿Por qué me tratan así?

Contestación: Es verdad que_____

_____.

Querida Sabelotodo: Mi hermana mayor ha empezado a tomar bebidas alcohólicas cada vez que tiene un problema o cada vez que quiere divertirse.   Me dice que es sólo porque quiere divertirse, que no necesita las bebidas.   Creo que debo decírselo a nuestros padres.   ¿Ud. qué piensa?   ¿Está de acuerdo?

Contestación: Es urgente que _____

_____.

Querida Sabelotodo: Mi madre me vuelve loco porque siempre quiere saber todo sobre mi vida. Si hablo por teléfono ella me pregunta con quién hablo.   Cuando termina la conversación quiere saber lo que hablamos.   Creo que ella no confía en mí.   ¿Qué puedo hacer?

Contestación: Es cierto que _____

_____.

4 ¿Este, ese o aquel?

Conteste las siguientes preguntas, usando la forma apropiada de *este, ese* o *aquel* de acuerdo con la flecha.

Modelo: ¿Qué bicicleta quiere Ud.?
Quiero esa bicicleta.

1. ¿Qué sillas usamos?

   Usamos estas sillas.

2. ¿Qué sombreros prefieren ellos?

   Prefieren esos sombreros.

3. ¿Qué libro lee Ud.?

   Leo este libro.

4. ¿Qué pájaros miran Uds.?

   Miramos aquellos pájaros.

5. ¿Qué bote es nuevo?

   Ese bote es nuevo.

6. ¿Qué ola es la mejor?

   Aquella ola es la mejor.

7. ¿Qué árbol miran ellas?

   Miran aquel árbol.

8. ¿Qué toalla prefiere Ud.?

   Prefiero esta toalla.

5 **En la ciudad**

Diga sus opiniones acerca de lo que le gustaría hacer al visitar una ciudad por primera vez. Use *lo, que* o *lo que* en cada oración, y siga las indicaciones.

Modelo: _____Lo que_____ primero me gustaría visitar es el museo.

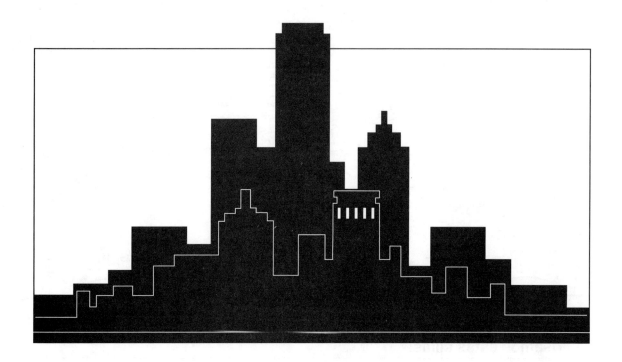

1. Me gusta _____lo_____ divertido.

2. _____Lo_____ esencial es _____que_____ vaya al zoológico.

3. Me gustaría hacer _____lo que_____ los otros turistas no hacen.

4. _____Lo_____ importante es _____que_____ saque muchas fotos.

5. _____Lo_____ peor es no tener suficiente dinero para hacer _____lo que_____ uno quiere hacer.

6. No sé _____lo que_____ quiero visitar.

Lección 20

1 **Las Antillas**

Marque e identifique en el mapa todo lo que pueda encontrar de la siguiente lista:
1) *Antillas Mayores* (Cuba, Jamaica, Puerto Rico, República Dominicana); 2) *Antillas Menores* (Guadalupe, Grenada, San Vicente, Santa Lucía, Martinica, etc.); 3) capitales y otras ciudades; 4) cordilleras y montañas; 5) cuerpos de agua (océanos, mares, bahías, lagos, ríos, etc.); 6) atracciones turísticas o naturales (El Yunque). Añada lo que sea necesario para completar su mapa.

Answers will vary.

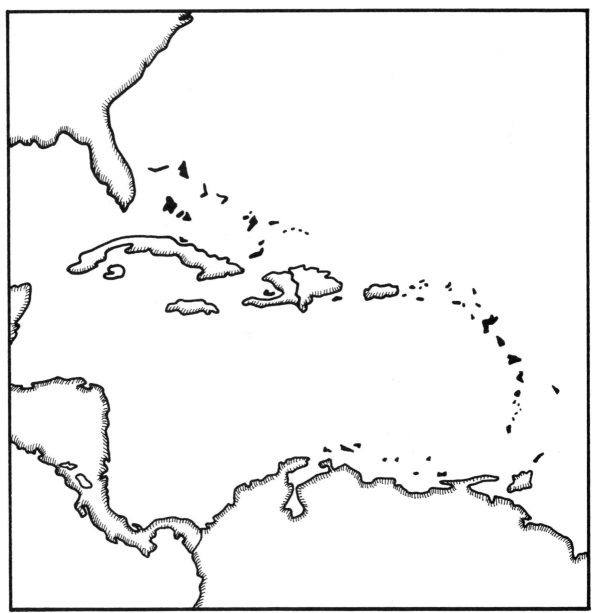

2 Sopa de letras

Encuentre once palabras que tratan sobre el correo. (Los acentos no están incluidos.)
Las palabras están organizadas en forma vertical, horizontal, diagonal y también pueden estar escritas al revés.

```
F  P  O  S  T  A  L  N  B  E  I  F  H  A  P  A  C  S  T
G  X  R  P  I  P  U  L  F  P  P  O  E  U  Q  N  A  R  F
S  H  F  U  I  T  H  W  I  H  T  A  Q  I  M  S  Y  P  Q
O  F  K  B  S  R  W  T  B  U  O  L  D  R  G  U  I  H  E
B  R  A  Y  V  M  D  U  U  P  V  C  T  D  I  Q  Z  R  G
R  A  Q  B  M  D  Y  I  Z  S  O  Z  T  W  R  S  J  Y  Q
E  X  M  Q  B  O  Y  V  O  A  W  C  C  Y  O  N  K  T  I
E  P  T  V  E  N  T  A  N  I  L  L  A  I  H  Y  I  M  M
U  A  F  F  S  C  O  O  J  A  K  V  A  R  Q  R  P  I  E
N  T  L  S  O  X  M  N  S  E  A  G  E  R  T  N  E  J  X
I  E  X  U  S  Q  H  W  S  V  D  O  W  E  V  M  G  P  A
U  J  B  X  Q  G  W  C  A  L  L  I  P  M  A  T  S  E  K
B  R  M  S  D  D  F  D  W  D  N  V  M  R  G  Z  X  X  S
L  A  C  J  P  D  D  N  X  X  V  X  I  J  D  D  T  W  E
T  T  M  E  D  J  X  H  U  T  L  F  O  W  O  F  B  F  V
K  M  R  E  M  I  T  E  N  T  E  W  C  J  I  K  K  I  L
B  H  W  G  W  P  N  X  G  K  U  M  J  E  G  I  G  N  V
N  Z  E  W  K  B  T  X  P  A  Q  U  E  T  E  U  H  A  N
```

3 **¿Qué sugiere Ud.?**

Algunas personas necesitan consejos. Ofrézcales sus sugerencias, siguiendo las indicaciones. Siga el modelo.

> **Modelo:** Mi madre trabaja una jornada completa. Son siete en la
> familia y tengo que encargarme de todo en la casa. (sugerir)
> Te sugiero que insistas en que todos hagan algo para ayudarte.
>
> **Answers will vary.**

1. Mi padrastro no sabe qué regalarle a mi madre para el aniversario. (recomendar)

   _____

   _____

2. Un amigo quiere comprar un carro pero no tiene suficiente dinero para el que le gusta

   más. (aconsejar) _____

   _____

3. La cuñada de mi hermano hace un viaje a España y se preocupa del número de maletas

   que puede llevar. (recomendar) _____

   _____

4. Anteanoche un compañero de clase chocó con otro vehículo porque conducía a excesiva
   velocidad. Desgraciadamente él sufrió lesiones pero se alegra de que los del otro carro
   no resultaron heridos. (aconsejar)

   _____

   _____

5. Acabo de volver de unas vacaciones en Cartagena, Colombia. Mientras estuve allá no
   le escribí ni una tarjeta postal a mi novia. (es mejor que)

   _____

   _____

6. Quiero echar al correo una carta de mucha importancia. Es preciso que llegue lo más
   pronto posible a su destinatario. (es necesario que)

   _____

   _____

7. El novio de mi hermana es aficionado al baloncesto y quiere jugar en el equipo escolar.
   El problema es que mide un metro cincuenta y los otros miembros del equipo son más
   altos. (sugerir)

   _____

   _____

4 ¿*Por* o *para*?

Complete los siguientes espacios en blanco con la palabra apropiada, *por* o *para*.

1. Su permiso es válido ____**por**____ un año.

2. Si Ud. está tomando medicinas aún para una simple alergia o catarro, verifique la etiqueta ____**para**____ los efectos que pueda producir la medicina o pregunte a su médico o farmacéutico en cuanto a conducir después de tomar el medicamento.

3. ____**Para**____ sus viajes lleve el dinero más seguro.

4. ____**Por**____ el simple hecho de haber adquirido nuestros Cheques de Viaje, usted se beneficia de los siguientes servicios exclusivos que le proporciona American Express en todo el mundo.

5. Este primer pago no se devolverá en caso de anulación____**por**____ parte del interesado.

6. ____**Por**____ ser una lectora leal de IDEAS, queremos ofrecerle este Precio Especial de Renovación, que le ahorrará mucho dinero.

7. Doce números (un año) ____**por**____ sólo $17.97.

8. Este precio super-bajo será el único que Ud. tendrá que pagar ____**por**____ el término completo de su suscripción, así suban nuestros costos.

9. ____**Para**____ facilitarle aún más, si lo desea, puede enviarnos su cheque personal o giro postal, o cargar su suscripción a su tarjeta MASTERCARD o VISA.

10. Si ____**por**____ algún motivo esto no le conviene ahora, le facturaremos después.

11. Si las condiciones son propicias ____**para**____ pasar, mire ____**por**____ sus espejos y haga la señal ____**para**____ cambiar de carril.

12. Cuando esté aprendiendo a conducir con un permiso, siempre deberá estar acompañado ____**por**____ un conductor autorizado que tenga 18 años o más.

13. El gobierno quiere crear un coordinador ____**para**____ el Campo de Gibraltar.

Selecciones literarias

Con los ojos cerrados

Conteste las siguientes preguntas, basando sus respuestas en el cuento *Con los ojos cerrados*.

Possible answers:

1. ¿Cuáles son algunas de las cosas que hacen a este chico un niño universal?

   No le gusta despertarse temprano; mientras camina a la escuela, el chico

   pasa el tiempo mirando todo y jugando.

2. ¿Cómo el autor nos llama la atención desde el primer momento?

   Haciendo hablar directamente al narrador con su lector *(...a Ud.*

   sí se lo voy a decir).

3. Explique Ud. una razón posible por la cual Arenas describe cómo el chico se queda sentado en la cama y entonces tiene que hacer todo corriendo.

   Porque a veces nos pasa a todos. Es una manera en que el autor nos

   hace relacionar con el narrador.

4. ¿Cuál es la importancia del hecho de no apresurarse?

   Es mucho más difícil ver todos los aspectos de la vida, lo bueno y lo

   malo, cuando se tiene prisa. No hay tiempo para pensar. Al tomar las

   cosas con más calma, se ve más.

5. ¿Por qué es importante que el lector nunca aprenda el nombre del chico que habla?

   De este modo él es un personaje universal. El cuento no se refiere a un

   niño específico sino a todos.

6. Después de leer todo el cuento, ¿por qué cree Ud. que el chico no quiere contarle nada a su madre?

   Tal vez él no quiere que ella le explique lo malo de la vida, que él prefiere las

   piernas rotas o algún dolor físico en vez de la dificultad de hacer frente a la

   falta de respeto por la vida, la crueldad, la avaricia.

Lección 21

1 ¿Hoteles o paradores?

Después de leer el diálogo *Hoteles o paradores* de la Lección 21 de *Somos así 3*, conteste Ud. las siguientes preguntas. Use un mapa de España si es necesario.

VUELOS Y EXCURSIONES A BAJO COSTO

NUEVA YORK/MADRID/MALAGA/NUEVA YORK

ESPAÑA   POR   IDA Y VUELTA **399**

VUELOS EN AEROLINEAS REGULARES

**LLAMENOS PARA CONSEGUIR LAS TARIFAS
MAS BARATAS PARA VOLAR A ESPAÑA**

Además
la mejor selección
de excursiones y paquetes
a través de España

Los especialistas en excursiones a...
España, México, Río

1. ¿Qué descubre Silvia sobre su prima Susana?

   Descubre que Susana es difícil de complacer.

2. ¿Cuál ciudad antigua está rodeada de murallas? ¿Dónde está la ciudad?

   Avila. Está casi en el centro de España.

3. ¿Por qué no quiere ir Silvia a Toledo?

   Dice que no tienen mucho tiempo y que necesitan quedarse más cerca

   de todo, en el centro.

4. ¿Por qué sugiere el agente que Susana y Silvia no vayan a Sevilla?

   Porque está un poco fuera del camino e ir allí va a subir la tarifa.

5. ¿Tienen mucho dinero para gastar las chicas? ¿Cómo lo sabe Ud.?

   No, no tienen mucho. Dicen que quieren ahorrar dinero cuando sea posible.

6. ¿Qué cuesta más? ¿Un pasaje de primera o uno de turista?

   Uno de primera es más caro.

7. ¿En qué ciudades para el vuelo de Silvia y Susana?

   No para en ninguna. Es un vuelo sin escala.

2 ¿Cuál expresión?

Complete las oraciones lógicamente, usando una expresión apropiada de la siguiente lista: *antes (de) que, como, cuando, en cuanto, hasta que, para que.* Hay varias posibles respuestas para algunas oraciones.

1. Te mandaré una tarjeta postal _____ **en cuanto** _____ lleguemos.

2. No pagaremos por el vuelo _____ **hasta que** _____ tengamos la confirmación de los paradores.

3. Mi novio y yo esperamos viajar a Europa _____ **cuando** _____ nos casemos.

4. Mi madre se quedará en Madrid _____ **hasta que** _____ mi padre decida ir a Málaga.

5. Es necesario que Miguel vaya a Francia _____ **para que** _____ aprenda bien el idioma.

6. Haremos el viaje _____ **como** _____ el agente sugiera.

7. Sofía espera visitar Argentina _____ **antes (de) que** _____ su familia regrese de Europa.

3 ¿Indicativo o subjuntivo?

Lea las siguientes frases, completando cada una con la forma apropiada del subjuntivo o del indicativo.

1. Mi padre quiere comprarme un coche después de que _____ **saque** _____ mi licencia de conducir. (sacar)

2. Abuelita plancha mientras mi hermana menor _____ **barre** _____ el piso. (barrer)

3. Generalmente mi familia cena a las ocho aunque nosotros no _____ **estamos** _____ todos en casa a esa hora. (estar)

4. Lo haré aunque tú no me _____ **ayudes** _____ . (ayudar)

5. Carlota y Mirta se quedan en Madrid a fin de que su madre _____ **pueda** _____ llamarlas por teléfono desde París. (poder)

6. No vas a entender la química hasta que _____ **decidas** _____ hacer la tarea cada noche. (decidir)

7. Los sábados no hacemos nada hasta que _____ **limpiamos** _____ nuestro cuarto y _____ **tendemos** _____ las camas. (limpiar/tender)

4 Viajeros sin experiencia

Algunos chicos estadounidenses hacen un viaje por las ciudades principales de España. Lea las descripciones de las siguientes situaciones y explique los errores que ellos cometen, basando sus respuestas en la lectura *Consejos de Eloísa para el viajero*.

Modelo: *Situación:* Una chica se enoja porque una mujer se acerca demasiado a ella cuando le habla.
Explicación: No sabe o no se da cuenta de que es una costumbre de los españoles acercarse cuando hablan.

Possible answers:

Situación 1: Una chica está comiendo con unos amigos españoles en un restaurante cuando comenta que en su país "todo es mejor".

Explicación: **Ofende a sus amigos. Debe ser mejor embajadora de su país.**

_____

Situación 2: Un chico está perdido cerca de la torre de la Giralda en Sevilla y no sabe qué dirección tomar.

Explicación: **No tiene un plano de la ciudad y por consiguiente no sabe**

dónde está.

Situación 3: Algunos de los chicos llevan pantalones cortos donde los demás van vestidos formalmente.

Explicación: **No observan ni respetan las costumbres del país que visitan.**

Situación 4: Una chica está en la estación del ferrocarril con seis maletas pesadas.

Explicación: **Lleva demasiado equipaje y ahora tiene un problema para**

cargar todo.

Situación 5: Un chico saca una foto desde muy cerca a una familia comiendo en una terraza. Algunos miembros lo miran asustados.

Explicación: **Saca una foto sin permiso. Tampoco mantiene una distancia**

discreta.

Situación 6: Una chica está esperando impacientemente en la entrada de una joyería. Se ve en un letrero que las horas de trabajo son desde las nueve hasta las dos y desde las cuatro hasta las ocho. Son las cuatro y cinco.

> **Joyería Felipe**
> **horario**
> **9:00 — 2:00**
> **4:00 — 8:00**

Explicación: **Ella olvida que cada país tiene un concepto diferente del tiempo.**

Tiene demasiada prisa.

5 Ruta a Japón

Lea este anuncio comercial y conteste las preguntas que siguen.

LA RUTA DEL SOL NACIENTE

Este es el camino del Japón. Una ruta que desde Madrid y Barcelona, le pondrá a las puertas de un mundo diferente. Dos veces por semana. Jueves y Domingos hacia Japón y Lunes y Viernes desde Japón a España.

Desde el día 1 de Mayo, la Ruta del Sol Naciente será el camino más rápido a Japón. Dos horas más rápido. Y el más directo. Con menos escalas que cualquier otra alternativa.

A bordo de nuestro Boeing 747 le espera un camino lleno de atenciones, con la tradicional hospitalidad de ambos mundos: azafatas españolas y japonesas.

Siga nuestro camino. La Ruta del Sol Naciente.

Para Iberia este es un gran paso por convertirnos en su compañía.

Hasta llegar a su altura.

1. ¿Cada cuánto se ofrecen vuelos a Japón?
   Dos veces a la semana.

2. ¿Tienen un horario específico estos vuelos a Japón?
   Sí. Hay vuelos dos veces a la semana: los jueves y los domingos.

3. ¿Y cuándo se ofrecen los viajes de regreso?
   Se ofrecen los lunes y los viernes.

4. ¿Qué tipo de avión vuela a Japón?
   Un Boeing 747.

5. ¿Qué le espera al viajero a bordo del avión?
   Un vuelo lleno de atenciones, mucha hospitalidad, además de azafatas españolas y japonesas.

6. Aparte de eso, ¿por qué es mejor esta ruta que otras?
   Porque es una ruta más directa, con menos escalas, y es dos horas más rápida.

7. ¿Para qué ofrece Iberia esta ruta nueva?
   Para aumentar el número de sus pasajeros y para convertirse en la línea aérea preferida por el público.

8. ¿Y por qué esta nueva ruta a Japón se llama "la ruta del sol naciente"?
   Porque cada día el sol sale por el este y sigue en dirección al oeste. Los viajes que regresan desde Japón hacia España siguen la misma ruta que el sol.

Nombre: _____   **Fecha:** _____

Lección 22

1 Sopa de letras

Encuentre una palabra para completar las oraciones, usando las palabras que aprendió en el diálogo *En el aeropuerto* de la Lección 22 de *Somos así 3*.

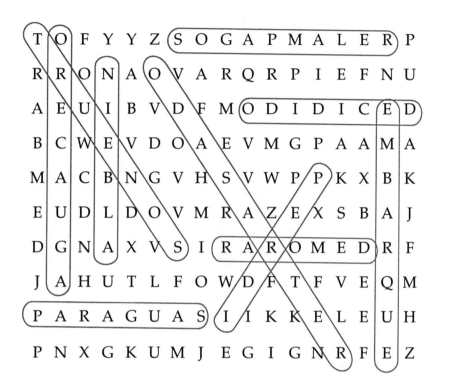

1. ¡Qué viaje! Las cosas salieron mal. Debía salir de Barajas a las siete pero el vuelo estaba _____ .

2. Y cuando por fin llegó el avión, yo lo _____ porque me había dormido en la sala de espera.

3. Naturalmente tuve que confirmar un asiento en otro vuelo y casi se me olvidó recoger la tarjeta de _____ .

4. Porque caía un_____ cuando abordé el avión y no tenía _____, quedé empapado. (*soaking wet*)

5. El vuelo a Nueva York iba a _____ casi ocho horas.

6. Por supuesto había perdido mi vuelo a Chicago, pero estaba _____ a sacar el mejor partido posible de la situación.

7. Tuve otra demora a causa de la _____ .

8. En Chicago había una tormenta. No me molestaron los _____ porque escuchaba la radio por los auriculares.

9. Pero tuve miedo cuando vi los _____ .

2 ¿Horóscopos para indicar el futuro?

Encierre con un círculo los veintisiete verbos en el futuro que aparecen en los horóscopos. Los verbos pueden repetirse.

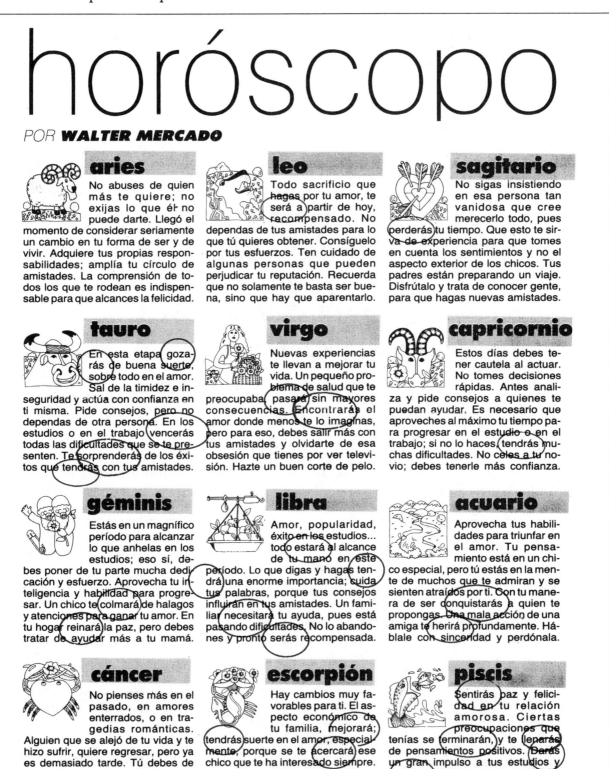

horóscopo

POR **WALTER MERCADO**

aries

No abuses de quien más te quiere; no exijas lo que él no puede darte. Llegó el momento de considerar seriamente un cambio en tu forma de ser y de vivir. Adquiere tus propias responsabilidades; amplía tu círculo de amistades. La comprensión de todos los que te rodean es indispensable para que alcances la felicidad.

leo

Todo sacrificio que hagas por tu amor, te será a partir de hoy, recompensado. No dependas de tus amistades para lo que tú quieres obtener. Consíguelo por tus esfuerzos. Ten cuidado de algunas personas que pueden perjudicar tu reputación. Recuerda que no solamente te basta ser buena, sino que hay que aparentarlo.

sagitario

No sigas insistiendo en esa persona tan vanidosa que cree merecerlo todo, pues perderás tu tiempo. Que esto te sirva de experiencia para que tomes en cuenta los sentimientos y no el aspecto exterior de los chicos. Tus padres están preparando un viaje. Disfrútalo y trata de conocer gente, para que hagas nuevas amistades.

tauro

En esta etapa gozarás de buena suerte, sobre todo en el amor. Sal de la timidez e inseguridad y actúa con confianza en ti misma. Pide consejos, pero no dependas de otra persona. En los estudios o en el trabajo vencerás todas las dificultades que se te presenten. Te sorprenderás de los éxitos que tendrás con tus amistades.

virgo

Nuevas experiencias te llevan a mejorar tu vida. Un pequeño problema de salud que te preocupaba pasará sin mayores consecuencias. Encontrarás el amor donde menos te lo imaginas, pero para eso, debes salir más con tus amistades y olvidarte de esa obsesión que tienes por ver televisión. Hazte un buen corte de pelo.

capricornio

Estos días debes tener cautela al actuar. No tomes decisiones rápidas. Antes analiza y pide consejos a quienes te puedan ayudar. Es necesario que aproveches al máximo tu tiempo para progresar en el estudio o en el trabajo; si no lo haces, tendrás muchas dificultades. No celes a tu novio; debes tenerle más confianza.

géminis

Estás en un magnífico período para alcanzar lo que anhelas en los estudios; eso sí, debes poner de tu parte mucha dedicación y esfuerzo. Aprovecha tu inteligencia y habilidad para progresar. Un chico te colmará de halagos y atenciones para ganar tu amor. En tu hogar reinará la paz, pero debes tratar de ayudar más a tu mamá.

libra

Amor, popularidad, éxito en los estudios... todo estará al alcance de tu mano en este período. Lo que digas y hagas tendrá una enorme importancia; cuida tus palabras, porque tus consejos influirán en tus amistades. Un familiar necesitará tu ayuda, pues está pasando dificultades. No lo abandones y pronto serás recompensada.

acuario

Aprovecha tus habilidades para triunfar en el amor. Tu pensamiento está en un chico especial, pero tú estás en la mente de muchos que te admiran y se sienten atraídos por ti. Con tu manera de ser conquistarás a quien te propongas. Una mala acción de una amiga te herirá profundamente. Háblale con sinceridad y perdónala.

cáncer

No pienses más en el pasado, en amores enterrados, o en tragedias románticas. Alguien que se alejó de tu vida y te hizo sufrir, quiere regresar, pero ya es demasiado tarde. Tú debes de comenzar un romance diferente. Te servirá de inspiración y estímulo para mejorar en tus estudios. ¡Cuida mucho tu apariencia personal!!!

escorpión

Hay cambios muy favorables para ti. El aspecto económico de tu familia, mejorará; tendrás suerte en el amor, especialmente, porque se te acercará ese chico que te ha interesado siempre. Eso sí, ten presente que nadie es perfecto, pero con cariño, inteligencia y tacto, transformarás a tu novio. No te dejes influir por los chismes.

piscis

Sentirás paz y felicidad en tu relación amorosa. Ciertas preocupaciones que tenías se terminarán, y te llenarás de pensamientos positivos. Darás un gran impulso a tus estudios y recibirás felicitaciones de tus profesores. En este período te encuentras bien aspectada para hacer compras, o participar en concursos.

3 Fiesta de despedida

Algunos amigos de Susana y Silvia hacen preparativos para una fiesta de despedida. Llene cada espacio en blanco con la forma apropiada del futuro de los verbos de la siguiente lista para completar lógicamente su conversación. Cada verbo se usa sólo una vez.

compartir	encargarse	escribir	estar
hacer	invitar	ir	llamar
pedir	poder	prestar	reunirse
tener	traer		

RUBEN: Primero, nosotros _____**tendremos**_____ que decidir una fecha

para la fiesta.

ALMA: ¿_____**Escribiremos**_____ invitaciones o _____**llamaremos**_____

a todos por teléfono?

NORA: Tengo invitaciones demás que sobraron de mi fiesta de cumpleaños. Las

podemos usar. ¿Quién _____**podrá**_____ ayudarme a escribirlas?

ROSA MARIA: Yo _____**estaré**_____ libre pasado mañana. ¿Te parece bien?

NORA: Sí. ¿A cuántos _____**invitaremos**_____? No olviden que tal vez no

todos vengan.

RUBEN: A no más de veinte, porque probablemente la fiesta la

_____**haremos**_____ en el sótano de mi casa y no es tan grande....

ALMA: Buena idea. Yo _____**me encargaré**_____ de las decoraciones.

RUBEN: Está bien. Y yo _____**iré**_____ a comprar toda la comida,

después de que hayamos escrito una lista. Le _____**pediré**_____

prestado el camión a mi cuñado.

NORA: ¿Estás seguro que él te lo _____**prestará**_____?

RUBEN: ¡Cómo no!

ALMA: ¿Cómo vamos a pagar la cuenta por todo?

ROSA MARIA: Ya lo he pensado. Estoy segura que todos los amigos de Susana y Silvia

_____**traerán**_____ algún plato o una bebida. Si no, seguramente

_____**compartirán**_____ los gastos con nosotros.

NORA: Bueno, tengo clase de piano. ¿Cuándo _____**nos reuniremos**_____

para discutir más los detalles?

4 Es probable

Imagine que Ud. está viajando por España con un grupo de turistas cuando las siguientes situaciones ocurren. Diga cuál será el probable resultado de cada situación, usando el futuro de probabilidad y una de las siguientes frases: *descansar en la playa, dormir ahora mismo, estar lloviendo, perder el tren, ser las nueve menos cinco, tomar el desayuno en el tren.*

Modelo: *Situación:* Uds. quieren ir a Sevilla y están a quince kilómetros de la estación del ferrocarril. El tren sale en cinco minutos.
Resultado: Perderemos el tren.

Situación 1: El boletín del tiempo indicó que habriá aguaceros hoy. Se oyen truenos y lluvia.

Resultado: **Estará lloviendo.**

Situación 2: El horario indica que el tren llega a Sevilla a las nueve. Acaban de anunciar que el tren va a llegar a la estación de Sevilla en cinco minutos.

Resultado: **Serán las nueve menos cinco.**

Situación 3: Ud. conoció a una mujer madrileña que iba a viajar a Sitges el primero de junio para descansar por ocho días en la playa. Hoy es el cinco de junio.

Resultado: **Descansará en la playa.**

Situación 4: Ud. conoció a otro grupo de turistas que salieron de Madrid para Segovia a las 6 A.M., pero tuvieron que estar dos horas antes en la estación del tren y no comieron nada porque era muy temprano. Ahora son las 8 A.M. y ellos viajan en el tren.

Resultado: **Tomarán el desayuno en el tren.**

Situación 5: Algunos miembros de su grupo fueron a bailar a una discoteca en el centro de Madrid anteanoche y regresaron a las 4 A.M. Ahora son las 11 A.M. y Ud. todavía no se ha encontrado con ninguno de ellos.

Resultado: **Dormirán ahora mismo.**

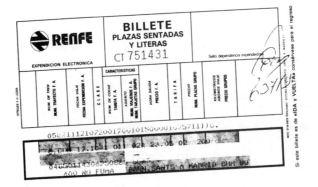

5 Un viaje estudiantil

Algunos estudiantes hacen un viaje a un país de habla hispana. Sus maestros hablan del viaje por adelantado. Complete cada diálogo, usando el verbo apropiado en el subjuntivo.

Modelo: SR. HURTADO: Los parientes siempre vienen al aeropuerto.

SRA FERNANDEZ: Tal vez no todos sus parientes _____vayan_____ al aeropuerto para despedirnos.

Possible answers:

SRTA. PEREZ: Cuando fuimos hace dos años llovió mucho.

SRA. LOPEZ: Ojalá que esta vez _____**haga**_____ buen tiempo durante todas las vacaciones.

No hay vacaciones más tranquilas que aquellas que no se interrumpen.

SR. HURTADO: Los estudiantes siempre llevan demasiado equipaje.

SRA. LOPEZ: No estoy seguro de que ellos _____**puedan**_____ hacer las maletas sin tener exceso de equipaje.

SR. LOPEZ: A veces uno o dos estudiantes no se portan bien.

SRA. FERNANDEZ: Quizá este grupo _____**se porte**_____ bien.

SRA. LOPEZ: Sí. Pero tengo que decir que generalmente los grupos de otros colegios no son tan respetuosos como el nuestro.

SR. LOPEZ: Dudo que este grupo _____**sea**_____ diferente y que nosotros _____**tengamos**_____ un grupo descortés.

SR. HURTADO: Me molesta si los estudiantes no se llevan bien uno con otro.

SRTA. PEREZ: No creo que éstos _____**sean**_____ egoístas ni desconsiderados o que eso _____**pase**_____ con estos alumnos.

SR. LOPEZ: Creo que tienes razón. Siempre se ayudan entre ellos, especialmente en llevar maletas pesadas.

SR. HURTADO: No pienso que las autoridades _____**permitan**_____ llevar maletas de más de setenta libras.

SRA. FERNANDEZ: Exacto. Pero recuerda que vamos de compras al centro.

SRTA. PEREZ: Sí. Y para el viaje de vuelta tendrán que llevar no sólo las maletas que trajeron sino también lo que ellos _____**lleven**_____ consigo como recuerdos. Dudo que los jóvenes no _____**compren**_____ mucho en las tiendas.

6 *Creer* y *pensar*

Exprese sus opiniones, usando las indicaciones que siguen. Empiece cada frase con *creo que, no creo que, pienso que* o *no pienso que*. No olvide usar el subjuntivo cuando sea necesario.

Possible answers:

1. un día nublado y con niebla / ser el peor / para viajar
   Creo (Pienso)... es..../No creo (No pienso)... sea....

2. los auxiliares de vuelo / tener temor / cuando volar
   Creo (Pienso)... tienen... vuelan./No creo (No pienso)... tengan... vuelan.

3. los boletines del tiempo / ser muy precisos
   Creo (Pienso)... son..../No creo (No pienso)... sean....

4. llover / mañana
   Creo (Pienso)... lloverá..../No creo (No pienso)... llueva....

5. haber más calámidades / en los vuelos de noche
   Creo (Pienso)... hay..../No creo (No pienso)... haya....

6. los aviones / ser la forma más segura / para viajar
   Creo (Pienso)... son..../No creo (No pienso)... sean....

7. la demora de algunos vuelos / ser culpa / de los pilotos
   Creo (Pienso)... es..../No creo (No pienso)... sea....

8. los aviones / retrasarse / por los relámpagos y los truenos
   Creo (Pienso)... se retrasan..../No creo (No pienso)... se retrasen....

9. el aeropuerto / ser un lugar muy aburrido / para el turista
   Creo (Pienso)... es..../No creo (No pienso)... sea....

10. el paraguas / proteger mucho / cuando caer un aguacero
    Creo (Pienso)... protege... cae..../No creo (No pienso)... proteja... cae....

Lección 23

1 ¿Cómo son ellos?

A. La conversación que tuvo el recepcionista con Fernando, Manolo y Gabriel le dejó una impresión de sus personalidades. Lea sus impresiones y dé ejemplos del diálogo *¡Y con baño privado, por favor!* que las apoyen.

Modelo: Fernando sale en defensa del grupo.
Dijo en seguida que habían hecho la reserva hacía dos meses.

Possible answers:

1. A Gabriel le gustan las comodidades.

   <u>Fue el que quiso ver la habitación y quien probó el colchón y la almohada.</u>

   _____

2. A él también le importaba llevarse bien con los otros.

   <u>Les dijo a Fernando y a Manolo que le daba igual si ellos querían esperar por</u>

   <u>otra habitación que diera al jardín.</u>

3. A Manolo le interesaba la privacidad (*privacy*).

   <u>El insistió en un baño privado, estuvo de acuerdo con Fernando sobre el</u>

   <u>ruido de la calle y prefirió un cuarto interior.</u>

4. Fernando tenía más sentido práctico que los otros.

   <u>Fue Fernando el que explicó cuántas camas necesitaban, el que pensó en el</u>

   <u>costo del desayuno y a quien le molestó el ruido de la calle.</u>

B. Ahora escriba qué le parece el recepcionista y explique sus opiniones. Diga por lo menos dos cosas.

Modelo: El recepcionista parece una persona tranquila porque
no se preocupó por no tener ninguna habitación disponible.

Possible answers:

<u>(1) Se lleva bien con otros y es perfecto para su trabajo. Les mostró el</u>

<u>cuarto sin apresurarlos. Le prometió a Gabriel otra almohada.</u>

_____

<u>(2) También es cortés. Les deseó una grata estancia en Madrid.</u>

_____

_____

2 El condicional

Diga lo que harían estas personas si ganaran el primer premio de la lotería. Añada las palabras que sean necesarias y haga los cambios necesarios.

Modelo: mis padres/ viajar/ por todo el mundo
Mis padres viajarían por todo el mundo.

1. yo/ ir/ a México/ para la Navidad

   Yo iría a México para la Navidad.

2. Edgar/ comprarse/ un yate/ color rojo

   Edgar se compraría un yate de color rojo.

3. Ramona/ mudarse/ condominio/ centro de Caracas

   Ramona se mudaría a un condominio en el centro de Caracas.

4. Ignacio/ regalarles/ una casa/ la playa/ sus padres

   Ignacio les regalaría una casa en la playa a sus padres.

5. Enrique/ construir/ propio baño/ en la casa de sus padres

   Enrique construiría su propio baño en la casa de sus padres.

6. Miriam/ asistir/ universidad/ estudiar/ ingeniería

   Miriam asistiría a la universidad para estudiar ingeniería.

7. Gladys/ hacer un viaje/ Japón

   Gladys haría un viaje a Japón.

8. Donato/ compraría/ robot/ su madre/ hacer todos los quehaceres domésticos

   Donato le compraría un robot a su madre para hacer todos los

   quehaceres domésticos.

9. Rita y Sebastián/ grabar/ su propio disco

   Rita y Sebastián grabarían su propio disco.

10. Héctor/ mandarle/ flores/ todos los días/ su novia Sabrina

    Héctor le mandaría flores todos los días a su novia Sabrina.

3 ¿Qué haría Ud.?

Diga qué haría si se encontrara en estas situaciones.

> **Modelo:** Si su hermanito nunca le ayudara con los quehaceres domésticos....
> Me quejaría. Les diría a mis padres que no es justo.

Answers will vary.

1. Si Ud. quisiera comprar su propio carro, un estéreo o cualquier otra cosa, pero no tuviera el dinero....

   _____

2. Si sus padres permitieran que saliera con sus amigos solamente dos veces por mes....

   _____

3. Si Ud. viera a otro estudiante que copiara en un examen importante....

   _____

4. Si un maestro suyo le regañara por algo que Ud. no hiciera....

   _____

5. Si su escuela suspendiera la práctica de los deportes....

   _____

6. Si sus padres quisieran que Ud. fuera a la universidad pero a Ud. no le interesara, o viceversa....

   _____

7. Si Ud. tuviera muchas ganas de hacer un viaje a Madrid y sus abuelos le ofrecieran pagar por todo, pero sus padres se preocuparan porque no estuvieran seguros de que Ud. fuera bastante maduro/a....

   _____

8. Si todos sus amigos pensaran hacer algo a lo cual Ud. se opusiera....

   _____

9. Si sus padres se enojaran si sacara una calificación mala en alguna de sus clases....

   _____

10. Si algunos compañeros de clase se burlaran de un alumno nuevo que pareciera un poco extraño....

   _____

4 Una desaparecida

Imagínese que un detective tiene que hacer una investigación sobre la desaparición de una mujer. Va a su apartamento y descubre las pistas de la lista que sigue. Al estudiarla deduce algunas cosas sobre ella y sobre su vida.

Tal vez encuentre una pista que le pueda indicar dónde buscarla. Lea la lista y después haga otra lista de lo que sería verdad, usando el condicional de algunos de los siguientes verbos: *ganar, gustar, hacer, interesar, leer, preferir, saber, salir, ser, tener* y *viajar*. Puede usar otros verbos si es necesario. Escriba por lo menos ocho conclusiones.

Possible answers:

Pista	Conclusión

Pista

1. Hay poca comida en su casa.

2. Hay muchas reproducciones de obras de arte: cuadros de Pablo Picasso *Las Meninas* de Velázquez, dos de Miró, uno del artista mexicano Diego Rivera y algunos otros de los artistas franceses Cezanne, Matisse y Monet.

3. Veo pinceles y acuarelas.

4. Encuentro bandejas de plata, platos de cristal, un mantel de encaje de Sevilla, un cheque de empleo por ocho mil dólares.

5. Tiene fotografías de París, Madrid y Tokio colgadas en las paredes. Encuentro recuerdos de Turquía, del Museo del Prado y monedas de varios países extranjeros.

Conclusión

Saldría mucho a comer afuera
o haría planes para desaparecer.
_____

Le interesaría mucho el arte.
_____
_____
_____
_____

Pintaría en sus momentos libres.
_____
_____
_____

Ganaría mucho dinero.
_____
_____

Viajaría mucho por varias partes
del mundo.
_____
_____

6. Hay una biblioteca pequeña con libros de filosofía, arte y sicología, enciclopedias, varios diccionarios de español, inglés y francés, libros escritos en español y francés, antologías de literatura.

Sabría varias lenguas o leería mucho.

_____

_____

_____

7. Tiene un piano, muchos discos modernos y clásicos y mucha música de Andrés Segovia.

Le gustaría la música o tendría talento musical.

_____

8. Tiene muchas joyas, trajes y vestidos caros, muchos zapatos de tacón y poca ropa informal.

Preferiría la ropa formal o trabajaría en un oficio profesional.

_____

_____

_____

9. Encuentro cuatro raquetas de tenis y varios trajes de baño.

Sería aficionada al tenis y a la natación.

_____

_____

10. Veo un calendario con muchas citas.

Sería una persona ocupadísima.

_____

_____

11. Encuentro una libreta de teléfonos que contiene una lista no muy larga de direcciones y números de teléfono.

Preferiría una vida privada o no tendría muchos amigos.

_____

_____

5 Subjuntivos dobles

A veces tenemos que hacer lo que sea necesario, aunque sea difícil o vaya en oposición a las opiniones de otros. ¿Qué haría Ud. en una de estas situaciones? Expréselo, llenando los espacios en blanco con subjuntivos dobles.

Modelo: *Ud. ha perdido el anillo de su novio/a en alguna parte de su casa.*

_____Esté_____ donde _____esté_____, lo encontraré.

Possible answers:

1. *Ud. recibe un regalo de un estudiante de intercambio que es muy amigo suyo. Nunca ha visto tal cosa y no entiende qué es o para qué sirve.*

   _____**Sea**_____ lo que _____**sea**_____, lo aprecio mucho.

2. *Ud. hace una fiesta para celebrar el Año Nuevo. La prima de uno de los invitados lo estará visitando.*

   _____**Sea**_____ como _____**sea**_____, ven a la fiesta y tráela.

3. *Ud. está estudiando para el examen final en una clase en que no tiene buenas notas. El teléfono suena. Su hermanito lo contesta y le dice que es una llamada para Ud.*

   _____**Sea**_____ quien _____**sea**_____, no puedo hablar ahora. Que deje un mensaje.

4. *Ud. quiere algo que cuesta bastante dinero. Sus padres opinan que es demasiado caro.*

   _____**Sea**_____ o no _____**sea**_____ caro, voy a comprarlo.

5. *Un amigo suyo, que tenía que venir a su casa a las 8:00, lo/la llama a las 9:00 para decirle que irá más tarde.*

   _____**Llegues**_____ a la hora que _____**llegues**_____, te estaré esperando.

6. *Ud. hace un viaje a Bolivia con un amigo que tiene parientes allá. El le dice que querrá hacer algunas excursiones a varios lugares.*

   _____**Vayas**_____ donde _____**vayas**_____, yo iré también. Iremos donde quieras.

7. *A sus hermanos no les gusta un amigo o una amiga. Dicen que él/ella no es tan inteligente como Ud., que no es muy guapo/bonita, que debe buscar otro/a.*

   _____**Digan**_____ lo que _____**digan**_____, seguiré saliendo con él/ella.

Lección 24

1 Hablando de España

Conteste las siguientes preguntas de acuerdo con su propia opinión y su experiencia personal.

Answers will vary.

1. ¿Cuáles son cinco cuidades que incluiría en un itinerario para visitar España?

   _____

   _____

2. Además de las ciudades, ¿qué le gustaría ver o visitar en España? ¿Por qué?

   _____

   _____

3. ¿Qué medio de transporte preferiría Ud. para recorrer España? Diga algunas razones.

   _____

   _____

4. España es un país con mucha historia. ¿Qué aspecto de su historia le parece más interesante o atractivo? ¿Por qué?

   _____

   _____

5. ¿Cuál será el consejo más importante que hay que tener en cuenta cuando uno viaja a España?

   _____

   _____

6. ¿Cuáles son las compañías aéreas donde Ud. vive que viajan a España? ¿Cuáles son las horas de las salidas (dé dos otres)? ¿Cuáles son las tarifas?

Compañías aéreas	Horas de salida	Tarifas
_____	_____	_____
_____	_____	_____
_____	_____	_____
_____	_____	_____
_____	_____	_____

2 ¿Cuáles son sus reacciones?

Diga cuáles son las reacciones de las siguientes personas, basándose en el diálogo *Próxima parada ¡Barcelona!* de la Lección 24 de *Somos así 3*. Use el presente del subjuntivo y las indicaciones dadas. Siga el modelo.

Modelo: Susana / encantar / Silvia y ella / tomar el talgo
A Susana le encanta que Silvia y ella tomen el talgo.

1. Susana / sorprender / estación / ser tan grande
   A Susana le sorprende que la estación sea tan grande.

2. Silvia / molestar / maletas / pesar tanto
   A Silvia le molesta que las maletas pesen tanto.

3. Silvia / enojar / Susana / regañarle
   A Silvia le enoja que Susana la regañe.

4. Silvia / alegrar / ellas / tener muchas cosas preciosas
   A Silvia le alegra que (ellas) tengan muchas cosas preciosas.

5. Silvia / preocupar / no haber un coche comedor en el tren
   A Silvia le preocupa que no haya un coche comedor en el tren.

6. Manolo / agradar / Silvia y Susana / ir a Barcelona
   A Manolo le agrada que Silvia y Susana vayan a Barcelona.

7. Silvia y Susana / interesar / Gaby / estar en el tren
   A Silvia y Susana les interesa que Gaby esté en el tren.

3 Expresando sus propias emociones

Complete las siguientes oraciones para que indiquen sus propias emociones.

Modelo: Me divierte que _____ mis abuelos me crean perfecto _____.

Answers will vary.

1. Me molesta que _____
   _____
   _____.

2. Me parece mal que _____
   _____
   _____.

3. ¡Qué pena que _____
   _____!

4. Me preocupa que _____
   _____
   _____.

5. Me agrada que _____
   _____
   _____.

6. No me importa que _____
   _____
   _____.

7. Siento que _____
   _____
   _____.

8. Me sorprende que _____
   _____.

9. Tengo miedo de _____
   _____
   _____.

10. Me disgusta que _____
    _____
    _____.

4 Caja de Ahorros de Alicante y Murcia

Lea el anuncio comercial que aparece en la página de la derecha y conteste las siguientes preguntas.

Modelo: ¿Qué es la Caja de Ahorros de Alicante y Murcia?
Es un banco.

1. ¿Qué ofrece la Caja?
   Ofrece una estancia en un hotel por varios días.
   _____

2. ¿Cuándo se recibe un boleto para el concurso?
   Del 22 de junio al 31 de octubre.
   _____

3. ¿Cómo se lo recibe?
   Al hacer transferencias.
   _____

4. ¿Cuántas personas en total pueden hacer un viaje?
   Cincuenta personas.
   _____

5. ¿Por cuántos días se quedarán en Alicante y Murcia los que ganen?
   Por nueve días.
   _____

6. ¿En qué estación se hará el viaje?
   En el invierno.
   _____

7. ¿Es el cupón solamente para los clientes actuales de la Caja de Ahorros de Alicante y Murcia?
   No, también es para los que no saben nada de los servicios del banco.
   _____

8. ¿Dónde están Alicante y Murcia?
   Están al sureste de España.
   _____

PARA LOS CLIENTES DE LA CAJA DE AHORROS DE ALICANTE Y MURCIA

FIN de AÑO en ESPAÑA

DEL 27 DE DICIEMBRE AL 4 DE ENERO

ESTANCIA EN UN HOTEL DE LUJO, FIESTAS Y EXCURSIONES
EN ALICANTE Y MURCIA Y UNA SUBVENCIÓN PARA VIAJAR

SORTEO DE 25 VIAJES PARA DOS PERSONAS

Boletos al hacer las transferencias
del 22 de Junio al 31-de Octubre

✱ MAYOR INFORMACIÓN EN LAS DELEGACIONES
DE LA CONFEDERACIÓN ESPAÑOLA DE CAJAS
DE AHORROS

Caja de Ahorros de Alicante y Murcia

Y SI NO ES CLIENTE DE LA CAJA DE AHORROS DE ALICANTE Y MURCIA INFÓRMESE SOBRE NUESTROS SERVICIOS:

☐ CUENTAS DE AHORRO PARA ESPAÑOLES RESIDENTES EN EL EXTRANJERO   ☐ SORTEO «FIN DE AÑO EN ESPAÑA»

☐ CRÉDITOS PERSONALES   ☐ PLAN DE JUBILACIÓN   ☐ _____

ENVÍE ESTE CUPÓN A CAJA DE AHORROS DE ALICANTE Y MURCIA. DEPARTAMENTO DE CUENTAS EXTRANJERAS.
CALLE SAN FERNANDO, 40. 03001-ALICANTE

REMITENTE: ....

DOMICILIO .... N.º .... PISO ....

CIUDAD .... PROVINCIA .... PAIS ....

5 Crucigrama

Haga el siguiente crucigrama.

```
                            1
                            A
        2   3               S
        T R U E N O S       A
            E               D
            T               O
 4                          R
 B
 5          6
 A S C E N S O R
 R          F               R
 7          E       8
 A N D E N           S E Ñ A S
 J          C        A           9
 A          T        A           R
 S          I        D           A
            V       10
                     B O T O N E S
                                 T
11                  12
 V A G O N           R E C U E R D O S
                                 O
```

Horizontales

Haga el siguiente crucigrama.

2. sonido que se oye cuando hay tormenta (plural)
5. lo que se usa para subir en un edificio cuando no se usa la escalera
7. lugar desde donde se sube a un tren
8. nombres y direcciones de los viajeros que se quedan en un hotel
10. el que lleva las maletas en un hotel
11. sinónimo de coche de ferrocarril
12. cosas que compran los viajeros para acordarse de su viaje

Verticales

1. restaurante donde se prepara la comida sobre un fuego
3. se refiere a un avión que no llega a tiempo
4. nombre del aeropuerto de Madrid
6. se refiere a no usar ni tarjetas de crédito ni cheques sino a pagar con dinero en...
9. mercado grande y muy conocido de Madrid donde se venden cosas a un precio rebajado

Selecciones literarias

Don Quijote antes de la segunda salida

El ingenioso hidalgo Don Quijote de la Mancha, más conocido como *Don Quijote de la Mancha*, fue publicado en dos volúmenes (1605, 1615). Su protagonista (el personaje principal) es un hombre de unos cincuenta años. Vive con su ama y una sobrina. El autor, Miguel de Cervantes Saavedra, nos dice que vive en la provincia de la Mancha, España, pero nunca nombra su pueblo.

Al hombre le gusta leer libros de caballería. Lee tanto que decide hacerse caballero andante para combatir los males del mundo y hacer justicia. En el primer volumen sale dos veces en busca de aventuras. Por consiguiente se da el nombre de don Quijote de la Mancha, y a su caballo viejo y agotado *(worn-out)*, el de Rocinante. De acuerdo a lo que hicieron los caballeros andantes sobre los cuales siempre había leído, escoge a una mujer de quien estar enamorado y a quien dedicar todos sus triunfos. Su *dama* es una mujer cualquiera de un pueblo vecino, el Toboso. Se llama Aldonza Lorenzo, pero don Quijote la renombra Dulcinea del Toboso porque el nombre le suena más noble.

Sale en busca de aventuras una mañana del mes de julio, sin decírselo a nadie. Hace muchísimo calor, por eso nuestro caballero se agota por montar todo el día sin comer ni descansar. La primera salida dura unos seis días durante los cuales el Quijote convierte la realidad verdadera a una realidad basada en las lecturas sobre la vida feudal. Es armado caballero *(dubbed a knight)* por el dueño de una posada, quien en los pensamientos de nuestro héroe es señor de un castillo. Acaba por decidir volver a su pueblo para contratar *(hire)* a un escudero, Sancho Panza.

Durante su ausencia, su ama, su sobrina y dos amigos suyos queman todos los libros y separan con una pared el cuarto en que estaban. Le dicen a don Quijote que el Diablo ha cometido este crimen; pero don Quijote les explica que fue Frestón, un encantador *(wizard)* que es enemigo suyo. El cuento sigue con la segunda salida y la aventura de los molinos de viento que presenta el libro de texto *Somos así*.

El segundo volumen relata una tercera aventura después de la cual don Quijote admite que había sido loco cuando se hizo caballero andante. Al final indica que se ha vuelto cuerdo *(sane)*, y muere.

Preguntas

1. ¿Cuál es el título del libro que es más conocido como *Don Quijote de la Mancha*?
   El ingenioso hidalgo don Quijote de la Mancha es otro título.

2. ¿Cuándo fue publicado el libro?
   La primera parte fue publicada en 1605; la segunda parte fue publicada en 1615.

3. ¿Qué es un/una portagonista? **Es el personaje principal.**

_____

4. ¿Cuál es el nombre completo del autor? **Miguel de Cervantes Saavedra.**

5. ¿Quién era y cómo era el hombre a quien don Quijote solicitó ser su escudero? _____
   Era un vecino pobre de don Quijote. No era muy inteligente. Era bobo y
   creía todo lo que le decía don Quijote.

6. ¿Le prometió don Quijote a Sancho Panza solamente que sería gobernador de una
   ínsula? **No. Le prometió otras cosas pero Cervantes no nos explica cuáles.**

7. ¿Por qué decidió don Quijote hacerse caballero andante? **Se hizo caballero andante**
   para combatir los males del mundo y para hacer justicia.

8. ¿Cómo se llama el caballo de don Quijote? ¿Y su dama? **El caballo se llama**
   Rocinante; su dama se llama Dulcinea del Toboso.

9. ¿Cómo consiguió don Quijote el dinero que necesitaba? **Vendió muchas de sus**
   cosas, así como partes de su tierra.

10. ¿Por qué ni don Quijote ni Sancho Panza dijeron a sus familiares adónde iban y cuándo?
    Porque no querían que nadie los encontrara.

11. ¿Para qué iba a pelear don Quijote con los gigantes que viera? **Para hacerle servicio**
    a Dios en quitarles la vida. También para empezar a ser rico.

12. Según nuestro héroe, ¿por qué no se dio cuenta Sancho de que eran gigantes y no
    molinos de viento? **Porque no sabía nada de las aventuras ni de la caballería.**

13. Según don Quijote, ¿qué les había hecho a los gigantes su enemigo Frestón?_____
    Los había transformado en molinos de viento en el momento en que don
    Quijote los atacaba.

14. ¿Cree Ud. que don Quijote era loco? Explique su respuesta. **Answers will vary.**

_____

_____

CAPITULO 7

Lección 25

1 Crucigrama

Lea el diálogo *¿En cuánto me lo deja?* de la Lección 25 de *Somos así 3*. Después, haga este crucigrama.

Verticales

1. Es una fruta acuosa, de color verde, por afuera y roja por adentro, muy dulce. Tiene muchas semillas negras.
2. Es una fruta redonda y bastante grande, de color naranja, que se usa para preparar flanes en España y pasteles en EEUU.
3. Un alimento antes de ser cocinado está _____.
4. Se refiere a una fruta que se ha pasado de madura.
7. En el sistema estadounidense de pesar, dieciséis onzas equivalen a una _____ .

Horizontales

5. Una fruta del árbol del olivo, típica de España, de la cual se hace aceite.
6. preparar carne al fuego o en un horno
8. A Popeye, el marinero, lo gusta mucho porque le hace muy fuerte.
9. Cuando un cliente no quiere pagar el precio sino que insiste en que el vendedor lo rebaje se llama _____ .

2 Diferentes nombres

Cómo Ud. sabe, algunos alimentos en español reciben diferentes nombres, dependiendo del lugar. De acuerdo con lo que sabe y a la lista de palabras utilizadas en hispanoamérica, encuentre los nombres correspondientes para los alimentos de la columna de la izquierda en la columna de la derecha, y escriba la letra en el espacio en blanco. Trate de hacerlo primero sin consultar la lista.

L	1. col	A.	melocotón
J	2. papa	B.	pepa
K	3. mantequilla	C.	acietuna
O	4. cerdo	D.	avocado
N	5. piña	E.	ají
I	6. pavo	F.	zapallo
A	7. durazno	G.	champiñones
H	8. guisantes	H.	arvejas
B	9. semilla	I.	guajolote
F	10. calabaza	J.	patata
C	11. oliva	K.	manteca
G	12. hongos	L.	repollo
E	13. pimiento	M.	poroto
M	14. frijol	N.	ananás
D	15. aguacate	O.	chancho

Por Emoke

GUIA PRACTICA

VOCABLOS UTILIZADOS EN HISPANOAMERICA

Aceituna: Oliva.
Adobo: Aliño, marinada.
Ají: Pimiento.
Ajo porro: Puerro, poro, porro.
Alcachofa: Alcaucil.
Aliño: Sirope, miel de azúcar, jarabe.
Alubia: Fríjol, poroto, judías.
Ananás: Piña.
Arvejas: Guisantes, chícharos.
Avocado: Aguacate, palta.
Banana: Plátano maduro.
Batata: Papa dulce, boniato, camote.
Beterraga: Remolacha, beterrave, betabel.
Boniato: Batata, camote, papa dulce.
Calabacitas: Calabacines, zapallitos.
Callampas: Hongos secos.
Camote: Boniato, batata, papa dulce.
Caracu: Tuétano, médula de los huesos.
Carozo: Pepa, semilla.
Cecina: Tocino.
Cebolla de verdeo: Cebollín, cebolla de Almácigo, cebollino.
Cerdo: Chancho, puerco, marrano.
Col: Repollo.
Chaucha: Vaina, poroto verde, ejote.
Chícharos: Arvejas, guisantes.
Choclo: Elote, mazorca de maíz tierno.
Damascos: Albaricoques, chabacanos.
Duraznos: Melocotones.
Encurtidos: Pickles, verduras encurtidas.
Fécula de papas: Chuño.
Fresas: Frutillas.
Fríjol: Poroto, alubia, judía.
Grasa de cerdo: Manteca de cerdo, manteca.
Guajolote: Pavo.
Guisantes: Arvejas, chícharos.
Habichuelas: Porotos.

Harina flor: Harina tamizada, harina cernida.
Hongos: Setas, champiñones.
Judía: Alubia, fríjol, poroto.
Lechecondensada: Lecheevaporada (con azúcar o sin ella).
Leche en polvo: Leche deshidratada.
Lechón: Cochinillo.
Lomo: Solomillo, solomo.
Maizena: Fécula de maíz.
Manteca: Mantequilla.
Mejorana: Orégano.
Melocotón: Durazno.
Menudos: Achuras, menudencias.
Morango: Fresa.
Nata: Crema de leche.
Oliva: Aceituna.
Palmito: Carne de determinadas hojas de palmera.
Palta: Aguacate, Avocado.
Papa: Patata.
Pavo: Peru, guajolote.
Pepa: Carozo, semilla.
Picadillo: Relleno, recado, pino.
Piña: Ananás.
Polvo para hornear: Polvo de levadura.
Poroto verde: Chaucha, vaina, ejote.
Puerco: Cerdo, chancho, marrano.
Recado: Relleno, picadillo, posta.
Remolacha: Beterrave, Beterraga.
Res: Carne vacuna.
Salsa: Aderezo.
Semilla: Carozo, pepa.
Setas: Hongos.
Sirope: Almíbar, jarabe, miel de azúcar.
Solomillo: Lomo.
Tripa: Intestinos, menudencias.
Tuétano: Caracú, médula de los huesos.
Vaina: Chaucha, poroto verde, ejote.
Zapallito: Calabacita, calabacín, chayote.
Zapallo: Calabaza.

3 Comparando

Haga las siguientes comparaciones, usando los adjetivos que se dan.

Modelo: dulce: Las naranjas son más dulces que las limas.

Possible answers:

1. grande: Los cocos son más grandes que las acietunas.

2. malo: Los plátanos están peores que los melocotones.

3. joven: Carlos es menor/más joven que Luis.

4. bueno: Luis es mejor vendedor que Carlos.

5. grande: Carlos tiene una mayor cantidad de coliflores que Luis.

6. barato: Los precios de Luis son más baratos que los de Carlos.

4 Sopa de manzana

Su club de español hace planes para una cena mexicana. Quieren preparar sopa de manzana pero tienen dos libros de recetas con recetas un poquito diferentes. Haga comparaciones de igualdad (afirmativas y negativas) para decidir cuál receta usar, usando la información que sigue.

Modelo: (número de páginas)
El libro de Booth no tiene tantas páginas como el de Bergeron.

nombre de los libros / especificaciones	*The Food and Drink of Mexico*	*Trader Vic's Book of Mexican Cooking*
autor	**George C. Booth**	**Victor M Bergeron**
número de páginas	**178**	**275**
número de recetas para sopa	**48**	**21**
ingredientes	1/2 cebolla 2 cucharadas de mantequilla 1 cucharada de harina 1/2 taza de jugo de tomate 1/4 galón de extracto de pollo 1 1/2 manzanas 1 vaso pequeño de vino de manzana sal y pimienta un poco de perejil	1 cebolla 2 cucharadas de mantequilla 1 cucharada de harina 1/2 taza de jugo de tomate 1/4 galón de extracto de pollo 2 manzanas 1/3 taza de jerez seco sal y pimienta
tiempo para hervir	10 minutos a fuego lento	15 minutos a fuego lento 4 porciones
número de porciones	4 porciones	

- Las recetas fueron sacadas de los libros *The Food and Drink of Mexico,* por George C. Booth, y *Trader Vic's Book of Mexican Cooking,* por Victor M. Bergeron

Possible answers:

1. (número de recetas para sopa)

   Bergeron no ofrece tantas recetas para sopa como Booth.

2. (cantidad de mantequilla)

   La receta de Booth requiere tanta mantequilla como la de Bergeron.

3. (cantidad de cebolla)

   Para la sopa de Booth no se necesita tanta cebolla como para la de Bergeron.

4. (cantidad de jugo de tomate)

   La primera receta requiere tanto jugo de tomate como la segunda.

5. (cantidad de manzanas)

   La receta de *The Food and Drink of Mexico* no requiere tantas manzanas como la de *Trader Vic's*.

6. (cantidad de extracto)

   Para la sopa de Bergeron se necesita tanto extracto como para la de Booth.

7. (número de porciones)

   La receta de Bergeron da tantas porciones como la de Booth.

8. (tiempo para hervirla)

   La sopa de Booth no se hierve tanto como la de Bergeron.

5 Los superlativos

Haga oraciones, usando la forma superlativa del adjetivo indicado en letra bastardilla.

Modelo: el jardín de mi abuela/ *bello*/ la vecindad
El jardín de mi abuela es el más bello de la vecindad.

1. empleados de ese hotel/ *mejor*/ todos en los que teníamos reservas

   Los empleados de ese hotel eran los mejores de todos en los que teníamos reservas.

2. Río Amazonas/ *largo*/ América del Sur

   El Río Amazonas es el más largo de América del Sur.

3. Cuba/ isla/ *grande*/ las Antillas

   Cuba es la isla más grande de las Antillas.

4. España/ país/ *montañoso*/ Europa/ después de Suiza

   España es el país más montañoso de Europa, después de Suiza.

5. Hernán Cortés/ *famoso*/ los conquistadores

   Hernán Cortés fue el más famoso de los conquistadores.

6. los Andes/ montañas/ *alto*/ América del Sur

   Los Andes son las montañas más altas de América del Sur.

6 Lo absoluto

Escriba 5-7 oraciones, combinando palabras de cada columna y usando la forma superlativa del adjetivo. Trate de no usar solamente el presente del verbo.

Modelo: La boda de Raquel será bellísima.

A	B	C
la boda de Raquel	conducir	bello
Joaquín	ser	pesado
la excursión a Avila	estar	largo
el flan de Paco		rápido
mi primo Emilio		divertido
los quehaceres domésticos		tacaño
mis maletas		rico
		aburrido

Answers will vary.

Lección 26

1 La fiesta de bienvenida

Haga frases utilizando la voz pasiva y siguiendo las indicaciones que se dan.

Modelo: la idea de hacer una reunión/ pensar/ Paco y Natalia
La idea de hacer una reunión fue pensada por Paco y Natalia.

1. los preparativos/ decidir el día anterior
Los preparativos fueron decididos el día anterior.

2. la lista para el mercado/ escribir/ Nati
La lista para el mercado fue escrita por Nati.

3. las espinacas y las aceitunas/ no incluidas
Las espinacas y las aceitunas no fueron incluidas.

4. una coliflor/ darles a ellos/ el vendedor
Una coliflor les fue dada a ellos por el vendedor.

5. Nati y Paco/ ayudar/ Nora y Luis
Nati y Paco fueron ayudados por Nora y Luis.

6. las yemas de huevo/ batir/ Nora
Las yemas de huevo fueron batidas por Nora.

7. Luis/ solicitar/ todos los otros
Luis fue solicitado por todos los otros.

8. los huesos y el pellejo del pollo/ quitar/ Luis
Los huesos y el pellejo del pollo fueron quitados por Luis.

9. todos los detalles/ controlar/ Paco
Todos los detalles fueron controlados por Paco.

2 WHOPPER VALE

Esteban Reyes trajo este aviso publicitario de España. Léalo y conteste las preguntas, usando la forma de *se* del verbo entre paréntesis.

1. ¿Qué ofrecen por rascar la banda? (ofrecer)

   Se ofrecen otra Whopper, una bolsa de

   patatas fritas o un refresco.

2. ¿Qué hace uno si encuentra la palabra *REUNEME*? (guardar)

   El WHOPPER VALE se guarda.

3. ¿Qué puede hacer uno después de tener cinco WHOPPER VALES? (poder)

   Se puede meter la mano en el SUPER

   WHOPPER para ganar un REGALO WHOPPER.

Rasca la banda horizontal de este WHOPPER® VALE porque puedes haber conseguido otra WHOPPER® una bolsa de patatas fritas o un refresco.

¡GRATIS!

Y si encuentras la palabra REUNEME, guarda este WHOPPER® VALE. Cuando tengas 5 podrás meter la mano en el SUPER WHOPPER® y sacar tu WHOPPER® REGALO. Puedes ganar un sillón flotante BURGER KING y muchos WHOPPER® REGALOS más. Válido hasta el día 30 de julio.

Esta promoción no es válida con otras ofertas o cupones.

BURGER KING®

4. ¿Qué gana uno como regalos? (ganar)

   Se ganan un sillón flotante Burger King y muchos otros regalos.

5. ¿Hasta cuándo es válida esta promoción? (ofrecer)

   La promoción se ofrece hasta el día treinta de Julio.

6. ¿En qué circunstancias no se puede satisfacer esta oferta? (ofrecer)

   Esta promoción no se ofrece con otras ofertas o cupones.

3 Ya está hecho

Imagine que su mamá quiere que Ud. haga ciertas cosas que ya están hechas. Dígale que ya están hechas, completando los espacios en blanco con la forma apropiada de *estar* y el adjetivo que corresponda a cada respuesta.

Modelo: Envuelve todos los regalos que has comprado.

   Mamá, ya _____ están envueltos _____.

1. Guarda el horario del metro en tu bolsillo, por si lo necesitas.

   Ya _____ **está guardado** _____.

2. No olvides de contar el dinero antes de salir.

   Ya _____ **está contado** _____ y sé que tengo bastante.

3. Ve al correo a enviarle el paquete a tu amigo noruego.

   El paquete _____ **está enviado** _____. Lo envié el viernes pasado.

4. Quiero que devuelvas tu libro a la biblioteca.

   ____Está devuelto_____ . Juan lo devolvió por mí.

5. Recoge tus pantalones y tu abrigo negro de la tintorería.

   Ya ____están recogidos_____ . Los recogí anteayer.

6. Llama al dentista para hacer una cita la semana próxima.

   La cita ____está hecha_____ , llamé esta mañana.

7. Ordena otra torta en la pastelería.

   Ya ____está ordenada_____ . Tú la pediste ayer por la tarde.¿Recuerdas?

4 ¿Resultado o acción?

Complete las siguientes oraciones, usando la forma de *ser* o *estar* según las indicaciones entre paréntesis.

Modelo: El informe _____fue_____ escrito, usando la computadora. (pretérito)

El informe _____está_____ escrito en inglés. (presente)

1. A. Todas las reservas ____fueron_____ hechas por la Agencia de Viajes Pullmantur. (pretérito)

   B. Todas las reservas ____estaban_____ hechas un mes antes de nuestra salida. (imperfecto)

2. A. Las maletas ya ____están_____ hechas. (presente)

   B. Las maletas ____fueron_____ hechas por la criada. (pretérito)

3. A. Este paquete ____fue_____ mandado por entrega especial. (pretérito)

   B. Sí, Ud. puede ver que el paquete ____está_____ impreso con ENTREGA ESPECIAL. (presente)

4. A. El flan ____fue_____ preparado por Paco en la mañana del día de la fiesta. (pretérito)

   B. ¡Qué sorpresa! Cuando comimos el flan____estaba____ delicioso. (imperfecto)

5. A. Las plantas ____fueron_____ regadas por el abuelito. (pretérito)

   B. Ellas ya ____estaban_____ regadas cuando yo miré por la ventana. (imperfecto)

6. A. La fotografía____está_____ revelada y creo que a Ud. le gustará. (presente)

   B. La foto de la familia ____fue_____ sacada por un fotógrafo a quien los padres ya conocían. (pretérito)

5 Ser o estar

Complete las siguientes oraciones, usando una forma apropiada de *ser* o *estar*. Los verbos deben conjugarse en el presente.

1. Rafael _____ **está** _____ aburrido porque no le gusta cocinar, el prefiere ver la TV.

2. Los plátanos _____ **están** _____ listos para comer.

3. Las pechugas _____ **están** _____ congeladas, hay que ponerlas en el horno por un rato.

4. La batidora _____ **es** _____ muy útil en la cocina.

5. Las claras _____ **son** _____ batidas por Nora.

6. Los muslos y las alas _____ **son** _____ las mejores partes del pollo, según Juan.

7. La puerta de la cocina _____ **está** _____ abierta.

8. Cariño, no le pongas azúcar a tu leche, ponle de la miel que _____ **está** _____ sobre la mesa.

9. Ramón _____ **es** _____ listo para cocinar, ha ganado muchos premios de cocina.

10. El horno _____ **está** _____ encendido.

6 Usando se

Complete las siguientes oraciones para decir qué pasó cuando preparábamos una cena, de acuerdo a las indicaciones que se dan entre paréntesis. Debe cambiar los sujetos a los pronombres correspondientes.

Modelo: Descubrí que _____ **se me escapó** _____ la gallina que tenía para la cena. (yo/escapar)

1. **Se me olvidó** _____ el pollo en el horno. (yo/olvidar)

2. No _____ **se le quemó** _____ la comida. (él/quemar)

3. No _____ **se nos rompieron** _____ los huevos. (nosotros/romper)

4. No _____ **se le cayeron** _____ los pedacitos de cáscara en la cacerola. (ella/caer)

5. **Se te perdió** _____ la receta. (tú/perder)

6. No _____ **se les presentó** _____ ningún problema en la cocina. (ellas/presentar)

7. No _____ **se le torció** _____ la mano cuando batía las claras. (ella/torcer)

8. **Se le pudrieron** _____ los tomates. (él/pudrir)

9. **Se nos abrió** _____ el apetito. (nosotros/abrir)

Lección 26

Lección 27

1 ¿Cómo reaccionaría Ud.?

Conteste las preguntas para decir sus opiniones, basándose en la lectura *¡Buen provecho!* de la Lección 27 de *Somos así 3*.

Modelo: ¿Le importan a Ud. los modales en la mesa?
Sí/No, (no) me importan tanto como le importan a Marité.

Answers will vary.

1. ¿Le gustaría ser amigo/a de Marité? ¿Por qué sí o por qué no? _____

   _____

   _____

2. ¿Según Ud., qué le interesa más a ella? _____

   _____

3. ¿Cómo se sentiría Ud. si alguien le diera un artículo sobre los modales en la mesa? ¿Qué

   diría Ud.? _____

   _____

4. Si Ud. fuera José, ¿acompañaría a Marité a la boda, después de que ella le hubiera pedido
   que leyera el artículo? ¿Por qué sí o por qué no? _____

   _____

5. ¿Se siente Ud. avergonzado/a si sale a comer con alguien (no importa si es otro joven
   o alguien mayor) que mastica con la boca abierta o hace ruidos cuando come? Explique
   Ud. por qué sí o por qué no. _____

   _____

6. Cuando sale con otros, ¿piensa Ud. en qué va a pedir para no sentirse molesto/a?
   Por ejemplo, ¿pediría Ud. algo un poco difícil de comer, como una langosta entera?

   _____

   _____

7. ¿Le ha volcado (*turned over*) una bebida a otro con quien cenaba? ¿Qué le dijo a Ud. la
   persona y qué le respondió Ud.? ¿Ofreció pagar su cuenta de la tintorería? _____

   _____

   _____

8. ¿Prefiere Ud. una cena formal o una informal como la de McDonald's o Burger King?
   ¿Qué tipo de cena hace su familia para los días de fiesta? _____

   _____

   _____

2 **Del punto de vista de José**

Imagine que José (de la Lección 27) no quizo ir a la boda con Marité. Llene cada espacio en blanco con el imperfecto del subjuntivo del verbo entre paréntesis para explicar su decisión.

> **Modelo:** Marité me pidió que la ____acompañara____ a la boda de su prima Raquel. (acompañar)

1. Como iban a tener una cena formal, ella estaba preocupada de que yo la ____avergonzara____ a causa de mis modales en la mesa. (avergonzar)

2. Por consiguiente, quería que yo____leyera____ un artículo de una revista que trataba de los modales. (leer)

3. Ella me dijo que quizá ____hubiera____ algo que yo necesitaba aprender. (haber)

4. Me enojó que ella me ____pidiera____ tal cosa. (pedir)

5. Pero también me alegró que Marité ____quisiera____ que yo ____fuera____ con ella. (querer/ir)

6. El artículo sugería que no ____hiciera____ tales cosas como hablar con la boca llena, o hacer ruidos con la boca. (hacer)

7. Esas cosas ya las sabía. El autor del artículo recomendaba que ____se limpiara____ la boca después de tomar agua, y que no ____doblara____ la servilleta. (limpiarse/doblar)

8. También aconsejaba que uno ____tuviera____ cuidado al comer pescado o pollo. ¿No es eso algo de sentido común? (tener)

9. Cuando leí la parte que decía que era necesario que uno le____pidiera____ disculpas a otro en caso de volcarle un vaso de agua, decidí hablar con Marité. (pedir)

10. Le expliqué a Marité que era sorprendente que ella ____fuera____ tan arrogante e insensible y le sugerí que ____encontrara____ a otro para acompañarla. (ser/encontrar)

3 Sopa de letras

Encuentre los nombres en que serían convertidos los siguientes verbos, añadiendo los sufijos que se dan: entrar, llegar *(-ado, -ada)*; imitar *(-ción)*; advertir, heredar *(-encia)*; aburrir, comer *(-ido, -ida)*; casar, conocer *(-miento)*; lavar *(-dero)*; esperar *(-anza)*; cerrar *(-dura)*; empujar *(-ón)*. (Los acentos no están incluidos.) Las palabras están organizadas en forma vertical, horizontal y diagonal, y también pueden estar escritas al revés.

```
A  E  Y  Z  A  I  C  N  E  R  E  H  B  A  Z  C  Y
D  E  K  L  D  F  C  V  G  Y  Z  Y  X  P  I  X  H
J  M  S  F  A  D  N  A  C  X  E  C  Z  H  W  P  Q
I  H  J  P  G  X  O  D  E  D  H  D  O  W  B  B  G
G  F  X  I  E  N  I  A  V  E  D  I  V  C  U  V  I
B  K  H  W  L  R  C  R  W  O  D  I  R  R  U  B  A
C  C  N  G  L  D  A  T  F  R  B  C  J  V  T  P  I
L  E  A  M  A  C  T  N  U  E  U  S  I  K  S  F  C
N  R  V  S  B  O  I  E  Z  D  E  M  P  U  J  O  N
O  R  O  U  A  Q  M  U  T  A  T  J  A  L  M  Q  E
B  A  N  P  T  M  I  Q  S  V  R  Z  M  I  R  I  T
G  D  B  P  R  S  I  K  R  A  D  H  D  H  N  S  R
N  U  F  Q  Q  R  L  E  P  L  X  A  Q  L  O  I  E
O  R  N  F  A  M  M  Q  N  P  S  E  T  A  A  R  V
M  A  F  U  S  O  N  E  L  T  R  L  D  S  L  E  D
O  T  N  E  I  M  I  C  O  N  O  C  E  A  J  T  A
```

4 ¿Qué tiempo verbal?

Cambie las frases que siguen, reemplazando los verbos del presente con los del pasado y los del futuro con los del condicional. Haga cualquier otro cambio que sea necesario. Siga los modelos.

Modelos: El mesero nos *sugiere* que *comamos* el plato del día.
El mesero nos sugirió que comiéramos el plato del día.

La cocinera me *recomendará* que *pruebe* los tostones.
La cocinera me recomendaría que probara los tostones.

La Buena Mesa en Bogotá

En la Plaza Central de Plenitud
Av. 127 No.20-36 ó 21-10 Tel.274 92 64
De Lunes a Domingo abierto desde 7:00 a 12:00 p.m.
Parqueadero

1. Rogelio le *pide* a Sofía en el restaurante Los Arcos que se *case* con él.
   Rogelio le pidió a Sofía en el restaurante Los Arcos que se casara con él.

2. *Es* importante que nos *enteremos* de lo que *dice* el artículo de Marité.
   Era importante que nos enteráramos de lo que decía el artículo de Marité.

3. Le *aconsejaré* que *pida* la paella porque *es* deliciosa.
   Le aconsejaría que pidiera la paella porque era deliciosa.

4. Mi padre nos *recomienda* que *tengamos* siempre buenos modales.
   Mi padre nos recomendó que tuviéramos siempre buenos modales.

5. Marité me *aconseja* que *lea* el artículo sobre modales en la mesa.
   Marité me aconsejaba que leyera el artículo sobre modales en la mesa.

6. Sus padres le *permitirán* que *vaya* a la cena formal.
   Sus padres le permitirían que fuera a la cena formal.

7. La mesera te *sugerirá* que *pruebes* el ajiaco, la mejor sopa bogotana.
   La mesera te sugeriría que probaras el ajiaco, la mejor sopa bogotana.

5 ¿Y para Ud.?

A. Escriba seis oraciones sobre su propia vida, diciendo lo que sus padres le piden. Use *exigir, recomendar, querer, pedir, aconsejar, permitir* o una expresión impersonal en frases afirmativas o negativas. Las siguientes son sugerencias de temas: el volumen de su radio, el conducir, la gasolina para el coche, el dinero, las calificaciones, la cantidad de agua que usa para bañarse, su cuarto, la limpieza de la cocina después de comer un bocadillo, el uso del teléfono, la hora de volver a su casa por la noche.

Answers will vary.

1. _____

_____

2. _____

_____

3. _____

_____

4. _____

_____

5. _____

_____

6. _____

_____

B. Ahora piense en su niñez y escriba cinco frases sobre lo que sus padres le pedían hacer. Puede usar estas sugerencias: el comer vegetales, el acostarse sin quejas, el pelear con su(s) hermano/a(s), el recoger sus juguetes, el limpiarse los zapatos antes de entrar en la casa, el comportarse como un niño mimado *(spoiled child)*, el lavarse bien detrás de las orejas, etc.

1. _____

_____

2. _____

_____

3. _____

_____

4. _____

_____

5. _____

_____

6 Para pedir algo a alguien

A. Imagine que Ud. tiene que pedirle algo a diferentes personas. Construya la oración según la manera en que les habla, usando la forma apropiada de *querer* y del verbo que se da.

Modelo: ayudar (cortésmente/ a la mesera)

Señorita, ___quisiera___ que Ud. me ___ayudara___ a leer el menú.

1. traer (cortésmente/ al camarero)

Señor, ___quisiera___ que Ud. me ___traiga___ un bistec bien cocido.

2. traer (no muy cortésmente/ a la criada del hotel)

Señorita, ___quiero___ que me ___traiga___ más toallas limpias.

3. tener (cortésmente/ al botones)

Señor, ___quisiera___ que Ud. ___tuviera___ mucho cuidado con esa maleta porque dentro de ella hay muchos recuerdos.

4. explicar (cortésmente/ al policía)

Señor, ___quisiera___ que me ___explicara___ cómo llegar al Museo del Prado.

5. hacer (no muy cortésmente/ a la periodista)

Señorita, no ___quiero___ que Ud. me ___haga___ preguntas.

6. pesar (cortésmente/ a la empleada del correo)

Señora, ___quisiera___ que Ud. me ___pesara___ este paquete para decirme cuánto me costaría el franqueo.

7. llamar (cortésmente/ a la agente de viajes)

Señora, ___quisiera___ que me ___llamara___ tan pronto como estén hechas las reservas.

8. llevar (no muy cortésmente/ al taxista)

Señor, ___quiero___ que me ___lleve___ al Hotel Renacimiento.

B. Ahora, exprese cinco deseos suyos. No piense en lo posible o lo imposible. Use *quisiera*.

Modelo: *Quisiera* que mis padres *ganaran* la lotería.

1. _____

2. _____

3. _____

4. _____

5. _____

Lección 28

1 La visita al restaurante El Sombrero

Haga el papel de uno de los estudiantes que fueron al restaurante mexicano y complete los párrafos, usando las siguientes palabras en la forma que sea necesaria: *bistec, botella, bromear, fritos, hígado, probar, picante, refritos, rellenos, salada, tinto*. Las palabras pueden repetirse.

Modelo: Un grupo de nuestro club de español decidió ___probar___ un nuevo restaurante mexicano....

El restaurante, que se llamaba El Sombrero, se había abierto cerca de la escuela. Fuimos, todos alegres, menos Rafael. Jorge le sugirió que probara ___hígado___ a la italiana. Pero Rafael quería pedir ___bistec___ con papas ___fritas___. Nosotros tuvimos que recordarle que habíamos ido a comer comida mexicana. Charo le recomendó chiles ___rellenos___ y frijoles ___refritos___.

A Rafael no le importaba. Nos explicó que no le gustaba ni la comida ___salada___ ni la comida ___picante___. Por fin le dijo al camarero que trajera un plato no muy ___picante___. Este le aconsejó que probara chimichangas porque no eran así.

Carlos ___bromeó___, diciendo que Rafael iba a ordenar para tomar una margarita, una cerveza, o un vino ___tinto___. Naturalmente Rafael entendió que ___bromeaba___ y pidió una ___botella___ de agua mineral.

Todos nosotros lo felicitamos por haberse unido al club de los come-candelas.

2 **¿De qué se hacen?**
Escriba en el espacio en blanco el nombre de cada comida descrita.

__enchilada__   1. Tortilla de maíz rellena de carne o queso, en salsa de chiles y queso derretido.

__chile relleno__   2. Chile poblano relleno con frijoles rosados, chorizos, cebollas y queso.

__burrito__   3. Tortilla de harina, enrollada y rellena de carne de res, pollo, queso o frijoles.

__guacamole__   4. Pasta hecha de aguacate, cebolla y especias.

__mole poblano__   5. Pavo en una salsa de chiles, especias y chocolate amargo.

__tamales__   6. Pasta de maíz molido con carne o pollo, envuelta en hojas de maíz o plátano.

__taco__   7. Tortilla de maíz frita, rellena de carne, queso, lechuga y tomates.

burrito
chile relleno
enchilada
guacamole
mole poblano
taco
tamales

3 **¿*Que* o *a quien*?**
Complete las siguientes frases con *que* o *a quien,* y el presente del verbo entre paréntesis.

Modelos: Aquella es la chica ____a quien____ yo le ____hablo____. (hablar)
Necesito algunos jóvenes ____que____ ____laven____ la cocina. (lavar)

1. Queremos un restaurante ____que____ ____sirva____ comida boliviana. (servir)

2. Toman todo el jugo de naranja ____que____ nosotros ____preparamos____. (preparar)

3. ¿Ud. es la misma persona ____a quien____ le ____vendo____ cuatro docenas de almedras? (vender)

4. Prefiero un mesero ____que____ ____hable____ español e inglés. (hablar)

5. Necesito alguien ____que____ ____sepa____ hacer carne a la parrilla. (saber)

6. No conozco a nadie ____a quien____ nosotros ____podamos____ llamar. (poder)

7. Me gusta la comida ____que____ no ____sea____ salada. (ser)

8. Ese es el muchacho ____a quien____ yo le ____pago____ el mercado. (pagar)

4 ¿Qué le gusta a Ud.?

Diga qué le gusta de las siguientes cosas. No use el nombre de la cosa, sino el artículo apropiado y el adjetivo. Siga el modelo.

Modelo: el pescado: ahumadao o frito
Me gusta el ahumado./Me gusta el frito.

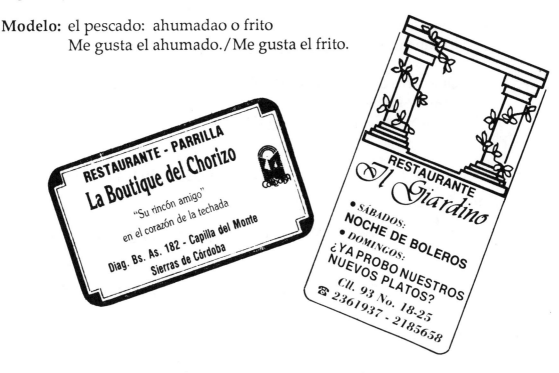

1. los restaurantes: baratos o caros

   Me gustan los baratos/los caros.

2. el pimiento: rojo o verde

   Me gusta el rojo/el verde.

3. las casas: grandes o pequeñas

   Me gustan las grandes/las pequeñas.

4. la música: clásica o moderna

   Me gusta la clásica/la moderna.

5. la ropa: formal o informal

   Me gusta la formal/la informal.

6. los carros: antiguos o modernos

   Me gustan los antiguos/los modernos.

7. el clima: cálido o frío

   Me gusta el cálido/el frío.

8. la comida: regional o internacional

   Me gusta la regional/la internacional.

5 **Para no repetirse**

Llene los espacios en blanco con un pronombre relativo o un adjetivo nominalizado. Siga los modelos.

   Modelos: Jesús me escribió una nota. No entiendo el mensaje.
   No entiendo _____lo que_____ Jesús me escribió.

   ¿Qué carro quieres manejar? El de Benito no tiene casi gasolina y tu carro sí tiene.
   Prefiero conducir _____el mío_____.

1. Buscamos una casa nueva. Ayer vimos dos. Una tenía un baño y la otra tenía dos.

   A mi familia le interesa más _____**la que**_____ tiene dos baños.

2. ¿Dónde quieres hacer la fiesta? Mi casa tiene una sala muy grande y tu casa tiene una sala pequeña.

   Hagámosla en _____**la tuya**_____, porque tu sala ofrece más espacio.

3. Me dijiste algo. No te oí.

   Repíteme _____**lo que**_____ dijiste.

4. Este itinerario incluye las ciudades de Sevilla y Málaga, pero ése no.

   Prefiero _____**el que**_____ incluye esas ciudades.

5. Al entrenador del otro equipo sólo le importaba el resultado final. A nuestro entrenador le interesaba más la manera en que nosotros jugábamos.

   Naturalmente, preferimos _____**el nuestro**_____.

6. Armando, ¿puedes hacerme un favor?

   Cómo no, ya sabes que haré _____**lo que**_____ me pidas.

7. El cuarto del tercer piso no tiene baño privado. El del segundo piso sí tiene uno.

   Preferimos _____**el que**_____ lo tiene.

8. ¿Qué retrato te gusta más? Mi retrato es impresionista. El de Alberto es surrealista.

   Me gusta más _____**el tuyo**_____, porque el surrealismo no me gusta.

6 ¿Es posible o no?

Imagine que Ud. es miembro de un comité que espera mejorar su colegio. Diga lo que sería verdad en su propia escuela. Si se trata de algo que es posible, use el presente del indicativo y el presente del subjuntivo. Si es algo que es dudoso que pueda cambiar, use el condicional y el imperfecto del subjuntivo. Considere estos puntos:

Sugerencias

1. servir hamburguesas y perros calientes

2. tener una hora de recreo

3. dar más libertad para elegir cursos

4. el día escolar empieza a las nueve de la mañana y termina a las dos media

5. haber por lo menos un minuto más entre clases

6. no tener que dar una excusa por una ausencia a clase

7. no obligar ninguna tarea para los fines de semana

8. tener discusiones sobre el abuso de drogas y de bebidas alcohólicas

9. haber un sicólogo disponible todos los días para ayudar a los estudiantes.

Queremos una cafetería que sirva hamburguesas y perros calientes.
Preferiríamos un día escolar que tuviera una hora de recreo.

Answers will vary.

_____

_____

_____

_____

_____

_____

_____

_____

_____

_____

_____

7 ¿Qué desea para cenar?

Imagine que Ud. está de vacaciones por cuatro días en el hotel Calinda de Acapulco, México. Ud. tomó el plan EP y va a cenar por tres noches al Restaurante Gourmet. Lea el menú internacional de la Lección 28 de *Somos así 3*, y luego pida una comida completa por cada noche. Use *Me gustaría, Quisiera, Querría* o *Preferiría*.

Modelo: ¿Qué desea Ud.?

Bueno..., para empezar ____me gustaría____ la sopa de pollo y
fideos, y como plato principal ____querría____ el bistec de ternera.
De postre, ____me gustaría____ el flan de leche.

Answers will vary.

Primera noche: _____

_____

Segunda noche: _____

_____

Tercera noche: _____

_____

Selecciones literarias

La historia de los gitanos

Aunque han estado en Europa por más de quinientos años, no fue hasta los últimos años del siglo XVIII que pareció haberse descubierto la patria de los gitanos. Al identificar una relación entre el idioma gitano, que se llama Romany, y los dialectos indo-europeos de la región del noroeste de India, se estableció que los gitanos habrían tenido su origen en ese país.

Se sabe poco de su historia más antigua, pero sí se conoce que empezaron a salir de su patria tal vez en el siglo V. Las migraciones más importantes ocurrieron en el siglo XI, como resultado de la invasión musulmana. Huyeron al oeste y después muchos de ellos viajaron por Grecia y fueron a parar a Europa hacia el siglo XIV. Habrían llegado a España a principios del siglo XVI.

Al principio, los habitantes de Europa aceptaron a los gitanos, pero pronto se desarrolló un antagonismo a causa de su apariencia exótica, su estilo de vida que salía tanto de lo normal y lo cerrado de su sociedad. En España, los gitanos gozaron de libertad bajo el reinado de los musulmanes, pero con la Reconquista, en 1492, vinieron cambios apreciables. Desde 1499 hasta 1783 se promulgaron varias leyes que prohibieron la vestimenta (attire) gitana, su idioma y sus costumbres. Se buscaba forzarlos a asimilarse.

La discriminación contra los gitanos persiste en muchas partes de Europa. En la Segunda Guerra Mundial, unos doscientos cincuenta mil de ellos fueron ejecutados en los campos de concentración nazis.

Aunque muchos de este grupo étnico de Europa occidental todavía siguen una vida nómada, la mayoría en otras partes han adoptado una más sedentaria. A pesar de las regiones dispersas en que se encuentran, una característica de los gitanos es su fuerte sentido de grupo y el énfasis en lo sagrado (sacredness) de sus tradiciones. Se oponen a cualquier influencia de las tradiciones del mundo exterior. Por lo general, los gitanos son bastante independientes de las estructuras e instituciones sociales de la sociedad en que viven. Los gitanos generalmente ocupan posiciones sin prestigio en la sociedad de cualquier país y no sorprende el hecho que también su nivel de vida (standard of living) es bajísimo.

Preguntas

1. ¿Cómo se llama el idioma gitano?
   El idioma gitano se llama Romany.

2. ¿De dónde se dice habrían tenido origen los gitanos?
   Del noroeste de India.

3. ¿Qué efecto causó la invasión musulmana?

   La invasión musulmana produjo la iniciación de las migraciones gitanas

   más importantes del siglo XI.

4. ¿Qué tipo de vida llevan hoy la mayoría de los gitanos de la Europa occidental?

   Una vida sedentaria.

5. ¿Por qué piensa Ud. que Matute escogió a los gitanos para escribir sobre el prejuicio?

   Porque son un grupo que sufre prejuicio en casi toda Europa. De esta

   manera su historia tendría algo que ver con muchas sociedades distintas

   del continente.

6. ¿Sobre cuál grupo étnico escribiría ella si fuera una escritora estadounidense?

   Answers will vary.

7. ¿El cuento trata sólo de España o tiene un tema más universal?

   El tema parece ser universal.

8. En su opinión, ¿qué importancia tiene la chiquita?

   Matute quiere que nosotros veamos lo incomprensible del prejuicio a través

   de los ojos de un niño.

9. ¿Por qué cree Ud. que también hay un chiquito gitano en el cuento?

   Porque por ver el amor que tiene el viejo por su nieto y lo difícil de su vida,

   quizá los lectores entiendan lo que los seres humanos tenemos en común.

CAPITULO 8

Lección 29

1 **La nieve en Chile**
Conteste las siguientes preguntas, basándose en el artículo *La Nieve en Chile*.

La Nieve en Chile

Enmarcado por el Océano Pacífico y las altas y nevadas cumbres de la Cordillera de los Andes, Chile es ampliamente conocido por los esquiadores de todo el mundo como un paraíso invernal. Sus óptimas canchas, suaves faldeos, cielo luminosamente azul y cálido sol convierten a Chile cada año, entre junio y diciembre, en la capital del mundo del deporte blanco.

La excepcional calidad de la nieve producto de la altitud de sus montañas, los modernos andariveles con que cuentan los centros de ski y sus acogedores y confortables hoteles y refugios esperan al visitante.

La temporada de ski en Chile presenta variaciones, dependiendo de la altitud y latitud de sus pistas. En la zona central, las canchas están aptas entre los meses de junio a octubre, período en el que se realizan los campeonatos nacionales e internacionales.

Las condiciones de nieve en esa época son inmejorables: nieve polvo en junio y julio y nieve primavera a partir de mediados de agosto, que cubre las canchas abiertas y sin árboles.

En la zona sur se puede disfrutar del ski desde junio a diciembre. En estas pistas la nieve primavera, desde septiembre, presenta extraordinaria calidad, además están rodeadas de paisajes de incomparable belleza.

En cuanto a transporte y comunicación, los centros invernales que se mencionan en este folleto son de fácil acceso por diversos medios. Todos ellos están bien equipados como para disfrutar de la apasionante vida al aire libre.

1. ¿Dónde está situado Chile?
   Está enmarcado por el Océano Pacífico y la Cordillera de los Andes.

2. ¿Por qué Chile es conocido como un paraíso invernal?
   A causa de sus óptimas canchas, su cielo azul y su cálido sol.

3. ¿Cuándo es la temporada de esquí en Chile?
   La temporada de esquí está entre junio y diciembre.

4. ¿Qué encontraría el visitante si fuera a Chile para esquiar?
   Encontraría excepcional calidad de nieve, modernos andariveles y
   confortables hoteles y refugios.

5. Explique por qué Chile sería un buen lugar para visitar.
   Answers will vary.

2 Viaje para esquiar

A. Imagine que Ud. va de viaje para esquiar con la familia de unos amigos. Su madre se preocupa por Ud. Complete cada oración o pregunta suya con la forma apropiada del pretérito perfecto del verbo entre paréntesis.

1. ¿_____**Has puesto**_____ bastante ropa de abrigo en la maleta? (poner)

2. ¿_____**Has escrito**_____ el nombre de la compañía de seguros y lo _____**has metido**_____ en la maleta? (escribir/ meter)

3. ¿Me_____**has dejado**_____ el nombre y el número de teléfono de la estación de invierno? (dejar)

4. ¿Los padres de tus amigos les _____**han insistido**_____ en que usen los cinturones de seguridad durante todo el viaje? (insistir)

5. ¿Ellos _____**han revisado**_____ su coche? (revisar)

6. Lo más importante, me _____**has prometido**_____ no esquiar por las pistas más altas y peligrosas, ¿no? (prometer)

B. Ahora imagine que Ud. le cuenta a sus amigos sobre la conversación con su madre, llenando los espacios en blanco con el pluscuamperfecto del verbo apropiado.

1. Primero, ella me preguntó si _____**había puesto**_____ bastante ropa de abrigo en la maleta.

2. Después me preguntó si también _____**había escrito**_____ el nombre de nuestra compañía de seguros y si lo _____**había metido**_____ en la maleta.

3. Y sin saberlo, ella me preguntó por tercera vez si le _____**había dejado**_____ el nombre y el número de teléfono de la estación de invierno donde tenemos reservas.

4. Me preguntó si tus padres_____**habían insistido**_____ en que usáramos los cinturones de seguridad durante todo el viaje.

5. Ella también me preguntó si tus padres _____**habían revisado**_____ su coche.

6. Y... claro, me recordó repetidas veces que le _____**había prometido**_____ no esquiar por las pistas más altas y peligrosas.

3 ¡Qué diversión!

Haga el papel de Juan Marcos, escribiendo sus planes antes de su accidente, según las siguientes indicaciones: (mis padres y yo) salir a comer para mi cumpleaños, pasar unos días de vacaciones con Gerardo haciendo de todo, divertirnos esquiando en Portillo, hablar con Gerardo sobre ser cirujano, venir algunos amigos míos a conocer a Gerardo, (Gerardo y yo) salir con estos amigos al cine o a comer.

Mis padres y yo habremos salido a comer para mi cumpleaños.

Yo habré pasado unos días de vacaciones con Gerardo haciendo de todo.

Nos habremos divertido esquiando en Portillo.

Habré hablado con Gerardo sobre ser cirujano.

Algunos amigos míos habrán venido a conocer a Gerardo.

Gerardo y yo habremos salido con estos amigos al cine o a comer.

_____

_____

_____

_____

4 ¿Qué habría ocurrido?

Imagine que Juan se siente triste a causa de su accidente. Exprese lo que él habría hecho si no se hubiera caído, completando cada oración con el pluscuamperfecto del verbo apropiado de la lista.

hacer	ir
tener	divertirse
esquiar	conocer
poder	preparar

1. _____**Habría esquiado**_____ todo el día y toda la noche.

2. _____**Habría conocido**_____ a unas personas interesantes.

3. Mis amigos y yo _____**habríamos preparado**_____ una cena.

4. Mis padres y mis amigos me _____**habrían hecho**_____ una fiesta.

5. _____**Habría podido**_____ bailar.

6. Nadie _____**habría tenido**_____ que ayudarme.

7. _____**Habría ido**_____ a Valparaíso.

8. Maruca y yo _____**nos habríamos divertido**_____ muchísimo.

5 Argentina

Conteste las preguntas a la derecha después de leer el artículo sobre Argentina.

ARGENTINA

Posiblemente la ciudad más romántica de América Latina, la del barrio Belgrano y la Calle Corrientes, la del inmortal tango. Buenos Aires, ciudad cosmopolita, que con grandes avenidas y agitada vida se ha hecho famosa más por el barrio portuario de La Boca y su Calle Caminito, su música, su historia y sus costumbres.

Los Jardines de Palermo, en pleno centro representan con su Jardín Botánico, zoológico, hipódromo y patio andaluz, el remanso de paz a la agitada vida de la capital.

En torno de la Plaza de Mayo y su Casa Rosada se encuentran importantes centros de visita. El Museo de Palacio de Gobierno, en la planta baja de la sede gubernamental. El Cabildo, declarado Monumento Nacional y sede del espectacular cambio de guardia los sábados en la mañana. El Palacio de Congreso, de 1863, que con su estilo grecorromano con inmensa cúpula, es Monumento Nacional; la catedral de fachada estilo griego (1823) donde se conservan los restos del General San Martín en importante escultura de Carrier Belleuse de 1878 en mármol blanco, rojo, rosado y negro.

Entre otros atractivos es necesario visitar las plazas de Italia, San Martín, Lavalle, y la del Congreso; el Cementerio de la Recoleta con interesantes estilos en cada uno de sus sepulcros, el Teatro Colon, una de las sedes operísticas más bellas del mundo y el Museo de Bellas Artes. La Calle Corrientes conserva las suntuosas salas de espectáculos y el barrio La Boca es centro del tango. También es indispensable dar un paseo vespertino por la Calle Florida que, peatonal, reúne una gran cantidad de teatros de cine.

La arquitectura religiosa tiene su expresión en las Iglesias de San Ignacio de Loyola, de 1710, la más antigua y la del Pilar, construida en 1717.

El país conserva también otro tipo de atractivos. Ciudades coloniales, como Córdoba, a 700 kilómetros al noroeste, fundada en 1573. La Rioja, productora de excelente vino, tal como su homónima española; Catamarca, famosa además por sus ponchos; Santiago del Estero, la ciudad más antigua del país cerca al río Dulce. Y, en la región de los Andes, a 1.060 Kms. de Buenos Aires, Mendoza, fundada en 1561 y destruida por un terremoto en 1861.

Para los naturalistas, Argentina también tiene un regalo: el Aconcagua, la cumbre más alta del continente, circundada por el Ferrocarril Transandino y La Patagonia, región de los lagos, un paraíso donde los Andes alcanzan sus puntos más hermosos, son dos de los extremos de Argentina. San Carlos de Bariloche una reputada estación de invierno, ofrece al sur hermoso espectáculo. A orillas del lago Nahuel Huapi fue fundada en 1903 por inmigrantes suizos y alemnanes y tiene su arquitctura característica. Para visitar la zona el centro turístico está en la ciudad de Esquel. De allí arrancan las excursiones naturalistas a los lagos Rivadavia, Menéndez y Lago Verde. Finalmente, Tierra del Fuego, región virgen e incontaminada al sur del Estrecho de Magallanes. Desde Ushuai, la ciudad más merdidional del mundo, se puede obtener magnífica panorámica del Canal de Beagle.

1. ¿Cuál es la ciudad más romántica de América Latina?
   Buenos Aires es la ciudad más romántica de América Latina.

2. ¿Por qué Buenos Aires se ha hecho famosa?
   Se ha hecho famosa por La Boca y su calle Caminito, su música, su
   historia y sus costumbres.

3. Nombre tres lugares que se pueden visitar en Buenos Aires.
   Answers will vary.

4. ¿Qué sabe Ud. de los siguientes lugares?
   Córdoba: **Córdoba es una ciudad colonial fundada en 1573.**

   La Rioja: **La Rioja es famosa por su vino.**

   Catamarca: **Catamarca es conocida por sus ponchos.**

   Mendoza: **Mendoza fue destruida por un terremoto en 1861.**

5. ¿Cuál es el punto más alto de la cordillera de los Andes?
   Aconcagua es el punto más alto del continente.

6. ¿Qué ofrece Argentina para los amantes de la naturaleza?
   Argentina ofrece Aconcagua, La Patagonia, San Carlos de Bariloche,
   diversos lagos y la famosa región de Tierra del Fuego.

7. Diga qué aspecto de la Argentina le parece el más atractivo y explique por qué.
   Answers will vary.

6 ¿Qué no le duele?

Charo se ríe porque su madre y su padre cumplirán cuarenta años, el año que viene. Se preocupan por la salud y han empezado a hacer ejercicios todos los días. Pero ¡qué dolor! Diga qué les dolía/duele/dolerá según las pistas entre paréntesis.

Modelo: Mi madre hizo toda clase de ejercicios. Se siente mal. (todo el cuerpo)
Le duele todo el cuerpo.

1. Mi padre levantó pesas. Se siente mal. (los hombros)
Le duelen los hombros.

2. Mientras tanto mamá saltó a la cuerda por 20 minutos. Se siente mal. (las rodillas)
Le duelen las rodillas.

3. Hoy ella ha nadado media milla. Se siente mal. (los brazos)
Le duelen los brazos.

4. Y el sábado, hace dos semanas, papá fue a jugar al hockey con un grupo de amigos. Se sentía mal. (todo el cuerpo)
Le dolía todo el cuerpo.

5. Este sábado pasado trataron de recorrer parte de la ciudad en bicicleta. Subieron tantas colinas como les fue posible. Se sentían mal. (la espalda y el cuello)
Les dolían la espalda y el cuello.

6. Esta mañana mamá corrió media milla, aunque hacía mucho frío. Se siente mal. (el pecho)
Le duele el pecho.

7. Normalmente, por las mañanas ella ha estado haciendo ejercicios aeróbicos en casa. Se siente mal. (las piernas)
Le duelen las piernas.

8. Y para mañana a las 7:30 de la mañana mi padre tiene planes para cortar la leña (*chop firewood*). Se sentirá mal. (los hombros y los brazos)
Le dolerán los hombros y los brazos.

Lección 30

1 **¿Quiere Ud. ser diferente?**

Conteste las siguientes preguntas, basándose en el aviso.

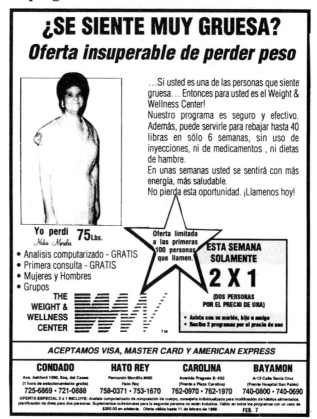

1. ¿Qué ofrece el aviso?

   Ofrece un programa para perder peso.

2. Según el aviso, ¿cuánto peso puede uno perder en un mes y medio?

   Se puede perder cuarenta libras.

3. ¿Qué palabra usa el aviso para referirse a las personas gordas?

   Usa la palabra *gruesa*.

4. ¿Cuántas libras perdió Nidia Morales?

   Perdió setenta y cinco libras.

5. ¿Cómo está limitada la oferta?

   La oferta está limitada a las primeras cien personas que llamen.

6. ¿Qué aspecto físico de Ud. le gustaría cambiar? ¿Por qué? ¿Cómo lo haría?

   Answers will vary.

2 **Respondiendo por sí mismo/misma**

Complete estas oraciones, hablando por sí mismo/a. ¡Cuidado! Para algunas se
necesita el imperfecto del subjuntivo y para otras el condicional.

Modelos: Si fuera la hora de comer y yo estuviera en un restaurante, pediría
langosta porque es mi comida preferida.
Me gustaría ser más alta y tener los ojos bellísimos si fuera posible
cambiarme la apariencia física.

Answers will vary.

1. Si pudiera hacer lo que quisiera, _____

   _____.

2. Yo viajaría a _____ si _____

   _____.

3. Si pudiera ser otra persona, _____ porque

   _____.

4. Yo compraría _____ si _____

   _____.

5. Si fuera a cambiarme el peinado, _____

   _____.

6. Si fuera posible cambiar mi rutina diaria, yo _____

   _____.

7. Si _____, viviría _____ porque

   _____

   _____.

8. Si pudiera asistir a un concierto de cualquier grupo musical,_____

   _____.

9. Yo _____ si nos permitieran

   a los estudiantes que añadiéramos un curso nuevo en nuestro colegio.

10. Si _____, yo permitiría que mis hijos

   _____

   _____.

3   Permitiendo que otro responda

A. Pregunte a otra persona cómo completaría las siguientes oraciones. Luego llene los espacios en blanco con sus respuestas. Trate de adivinar algunas respuestas antes de oírlas. Otras preguntas siguen la entrevista. Contéstelas Ud. mismo/a.

Answers will vary.

1. Si pudiera hacer lo que quisiera, _____
_____.

2. Yo viajaría a _____ si _____
_____.

3. Si pudiera ser otra persona, _____ porque
_____.

4. Yo compraría _____ si _____
_____.

5. Si fuera a cambiarme el peinado, _____
_____.

6. Si fuera posible cambiar mi rutina diaria, yo _____
_____.

7. Si _____, viviría _____ porque
_____.

8. Si pudiera asistir a un concierto de cualquier grupo musical _____
_____.

B. Conteste las siguientes preguntas según las respuestas anteriores:

1. ¿Qué le sorprendió más? ¿Por qué?

_____
_____

2. ¿Cree Ud. que tiene algo en común con la persona a quien entrevistó? Explique.

_____
_____
_____

4 Guerra a los mitos

Lea sobre los catorce mitos de la comida y luego haga los cambios necesarios en las siguientes oraciones para hacerlas ciertas.

un igual número de

Modelo: Si tuviera pan tostado, comería ~~más~~ calorías que el natural.

no

1. Si tuviera una porción de carne, tendría el alimento animal más rico en proteínas.

menos

2. Las frutas cítricas tienen ~~más~~ vitamina C que las guayabas, las manzanas y las fresas.

pollo

3. Debería comer ~~jamón~~ si quisiera disminuir la cantidad de sal y aditivos que se

jamón

encuentran en el ~~pollo.~~

menos

4. La espinaca ofrece ~~más~~ hierro que el chocolate.

mantener

5. Si fuera viejo/a, debería ~~reducir~~ el consumo de carne.

varía

6. El porcentaje de grasa ~~siempre es igual~~ en cada parte del animal.

tantas   *tanta*   *como*

7. Si tomara una porción de margarina, tendría ~~más~~ calorías y ~~más~~ grasa ~~que~~ si hubiera

tomado una porción equivalente de mantequilla.

Ningún

8. ~~El~~ análisis ha demostrado que el azúcar morena aporta (tiene) más vitaminas que el

azúcar blanca.

incluir

9. Podría ~~omitir~~ las papas en su dieta si quisiera bajar de peso porque la papa contiene

pocas

~~muchas~~ calorías.

DIETÉTICA...

GUERRA A LOS MITOS:

Están en boca de todos.
Son tópicos que forman parte de nuestros hábitos alimenticios. Los hemos encontrado en el libro "700 respuestas alimentarias", de Josette Lyon. Un libro lleno de sorpresas útiles para acabar con mitos sin fundamento

7. Las personas mayores deben tomar menos carne: Error. Su nocividad es posible en casos de insuficiencia renal, independientemente de la edad. De hecho, los ancianos asimilan peor las proteínas y por tanto, pueden mantener el mismo consumo de carne.

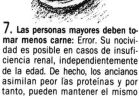

11. La margarina es menos grasa que la mantequilla: Ni hablar. Una y otra aportan el mismo valor calórico y son igualmente engrasantes.

1. El pan tostado engorda menos que el natural: Falso. El pan tostado se digiere mejor; pesa menos porque ha perdido agua, pero en igualdad de peso, el pan tostado produce un igual número de calorías que el natural.

4. La naranja y los otros cítricos son las frutas más ricas en vitamina C: No. Aportan de 50 mg/100 g. frente a los 460 de la guayaba. La manzana y la fresa pueden aportar tasas incluso superiores.

8. Los huevos son malos para el hígado: Leyenda sin fundamento: son permitidos y recomendados en los regímenes de los enfermos, incluso de los que padecen hepatitis o cirrosis.

12. El azúcar morena aporta más vitaminas y sales minerales que la blanca: Imposible, puesto que las dos aportan cero. El azúcar morena no es más que azúcar parcialmente refinada, pero ningún análisis ha demostrado su mayor contenido en sales minerales y vitaminas.

2. La carne es el alimento animal más rico en proteínas: Inexacto. La mayor parte de los quesos aportan más: un 24%, frente a un 20% de la carne.

5. El jamón es la primera carne que se debe dar a los niños: Inexacto, porque en general está demasiado salado y cargado de aditivos. Es preferible un filete de pollo o de ternera bien cocido.

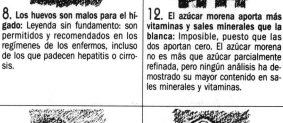

9. Naranja y leche no se pueden tomar juntas porque se cortan en el estómago y sientan mal: Verdaderamente la leche se corta en el estómago con naranja y sin naranja, dada la acidez del jugo gástrico.

13. El yogurt y el limón son descalcificantes: Ni mucho menos. Se piensa esto por su gusto ácido, pero los ácidos orgánicos que contienen son asimilados por el organismo como los azúcares, dejan residuos alcalinizantes y facilitan la asimilación del calcio.

3. El agua durante la comida engorda: Mentira. El agua no engorda porque el balance hídrico del organismo se reduce a cero cada veinticuatro horas, siempre y cuando las constantes del medio interno de la persona estén dentro de la normalidad.

6. La espinaca es el vegetal más rico en hierro: Falso. Sólo aporta 3 mg/100 g. frente a los 6 de las lentejas. El chocolate puede llegar a aportar 4 mg/100 g.

10. La carne de cerdo y de cordero son las más grasas: ¡Ojo, depende! El porcentaje de grasa varía según la parte del animal que sea. Hay piezas que contienen menos de un 20% de grasa.

14. Las papas engordan y deben suprimirse en dietas adelgazantes: Mentira. Engordar, engorda todo alimento cuyas posibilidades calóricas excedan las consumidas por el organismo. Engordan más los de más calorías como las grasas, pero la papa es de poco contenido calórico.

* Selección tomada de *Carrusel* (2 de junio de 1989, No. 553).

5 La nutrición y el cáncer

La siguiente es otra tarea de Florencia para la clase de la señora Núñez. Lea las siete recomendaciones del folleto *(brochure) La Nutrición y el Cáncer* del American Cancer Society y decida si lo siguiente es cierto **(C)** o falso **(F)**. Siga el modelo.

La mayoría de nosotros estamos preocupados, curiosos y a veces confundidos con los informes publicados sobre la relación entre nutrición y cáncer. Esta relación es un asunto complejo y fácil de mal interpretar.

¿Qué debe comer usted y su familia? ¿Qué alimentos debe evitar? La mejor recomendación para mantener su salud es muy sencilla: De todo moderadamente. Si usted come una dieta bien balanceada, es probable que no tendrá la necesidad de tomar vitaminas o minerales como suplemento.

Se está investigando intensamente para evaluar y aclarar la parte que juega la alimentación en el desarrollo del cáncer. Hasta ahora no se ha podido encontrar una relación directa de causa y efecto aunque se ha probado que algunos alimentos que consumimos pueden aumentar o disminuir los riesgos para que se desarrollen algunos tipos de cáncer. De acuerdo a la evidencia que tenemos, es posible que usted pueda disminuir la posibilidad de contraer cáncer siguiendo estas sencillas recomendaciones:

1. Evite la obesidad

Usted puede mantener un buen peso observando buenos hábitos de alimentación y haciendo ejercicios regularmente. Usted y su médico pueden determinar cuál debe ser su peso ideal ya que éste dependerá de la condición de su salud, su estructura física y la dieta adecuada para mantener ese peso. Si usted tiene un 40% de sobrepeso, los riesgos de contraer cáncer del colon, seno y útero aumentan.

2. Reduzca el consumo de grasas

Una dieta alta en grasas puede ser uno de los factores que afectan el desarrollo de ciertos cánceres, como el del seno, colon y próstata. Si evita los alimentos grasos le será posible controlar su peso más fácilmente.

3. Consuma mas alimentos con un alto contenido de fibra

Se recomienda ingerir regularmente cereales, frutas frescas y vegetales. Estudios realizados indican que una dieta rica en contenido de fibra puede ayudar a reducir el riesgo de contraer cáncer del colon; y aunque así no lo fuera, los alimentos ricos en fibra son un sustituto saludable de los alimentos altos en grasas.

4. Incluya alimentos ricos en vitaminas A y C en su dieta diaria

Prefiera vegetales y frutas frescas de color verde oscuro y amarillo intenso como fuente de vitamina A; tales como zanahorias, espinacas, batatas dulces (yams), melocotones o duraznos, albaricoques; y toronja, naranjas, fresas y pimientos rojos y verdes para vitamina C. Estos alimentos pueden ayudar a disminuir el riesgo de contraer cáncer de la laringe, el esófago y los pulmones.

5. Incluya vegetales crucíferos en su dieta

Ciertos vegetales de esta familia, repollo o col, broccoli, repollitos de Bruselas, colinabo y coliflor pueden ayudar a prevenir el desarrollo de ciertos tipos de cáncer. Al presente se investiga para establecer qué es lo que contienen estos alimentos que pueden proteger del cáncer.

6. Consuma con moderación alimentos ahumados, curados en sal y curados con nitrito.

En algunos lugares del mundo donde se consumen alimentos curados en sal y ahumados, con frecuencia, la incidencia de cáncer del esófago y el estómago es más alto. La industria alimenticia americana está desarrollando nuevos procedimientos para evitar posibles productos secundarios que produzcan cáncer.

7. Mantenga el consumo de bebidas alcohólicas a un nivel moderado, si las toma.

El consumo fuerte de bebida alcohólicas, especialmente si ademas se fuma cigarrillos o se masca tabaco, aumenta el riesgo de contraer cáncer de la boca, la laringe, la garganta, el esófago y el estómago.

____C____ 1. Lo mejor para mantener su salud es comer y beber todo moderadamente.

____F____ 2. Se ha encontrado una relación directa de causa y efecto entre la alimentación y el desarrollo del cáncer.

____C____ 3. Uno puede disminuir la posibilidad de contraer cáncer por los alimentos que consume.

____C____ 4. Un cuarenta por ciento de sobrepeso aumenta el riesgo de contraer algunos tipos de cáncer.

____F____ 5. El consumo de grasas tiene mucho más que ver con el control del peso que como un factor de desarrollo del cáncer.

____C____ 6. Una dieta rica en contenido de fibra ofrece dos ventajas alimenticias.

Nombre: _____   Fecha: _____

Lección 31

1 **El doctor Ríos lo cuenta**

El Doctor Ríos cena con su familia y les cuenta sobre la visita de Gerardo al hospital. Complete las frases que el doctor dice, con los tiempos apropiados de los verbos entre paréntesis.

Modelo: Mi cuñado Gerardo ___insistió___ en que yo le
(insistir)

___permitiera___ ir al hospital conmigo. ¡Qué desastre!
(permitir)

Primero él ___se alegró___ pensando que porque ___iba___
(alegrarse)   (ir)

a llevar una túnica él ___parecería___ mi asistente. Yo le ___pedí___
(parecer)   (pedir)

que ___se lavara___ las manos y que me ___encontrara___ en
(lavarse)   (encontrar)

la sala de emergencias.

Mi primer paciente del día ___tenía___ una herida superficial en
(tener)

el muslo derecho, ___se había cortado___ con un cuchillo. Le dije a Gerardo que
(haber cortarse)

él lo ___recibiera___ y lo ___ayudara___ a quitarse la
(recibir)   (ayudar)

ropa. El hizo en seguida lo que yo le ___pedí___ y ___actuó___
(pedir)   (actuar)

de manera seria y profesional.

Después de ___examinarle___ la cortada al paciente, yo le ___puse___
(examinar)   (poner)

dos puntos. El chico ___se portó___ muy bien, aunque ___tenía___
(portarse)   (tener)

terror a las inyecciones. Yo le ___aseguré___ que no hacían falta y le
(asegurar)

___avisé___ que no ___se mojara___ la herida por unos
(avisar)   (mojarse)

días porque era un poco profunda. También yo le ___dije___ a él
(decir)

que ___regresara___ a verme el siguiente jueves para quitarle los puntos.
(regresar)

De pronto, yo ___me di cuenta___ que Gerardo no ___había dicho___
(darse cuenta)   (haber decir)

nada, ni me ___había hecho___ ninguna pregunta. Cuando yo lo
(haber hacer)

___busqué___, lo ___encontré___ acostado en el suelo.
(buscar)   (encontrar)

¡El ___se había desmayado___ !
(haber desmayarse)

2 La sala de emergencia

Imagine que Ud. trabaja en la sala de emergencia de un hospital que tiene muchos pacientes hispanohablantes. Por cada paciente traduzca lo que dice el médico o la médica.

Modelo: (The doctor told you to meet her here? And did she say what time?)
¿La médica le dijo que se reuniera con ella aquí? ¿Y dijo ella a qué hora?

1. (Did you fall and hurt you head?)
¿Se cayó Ud. y se dio un golpe en la cabeza?

2. (Did you faint?) **¿Se desmayó?**

3. (Yes? Then for how long do you think you lost consciousness?)
¿Si? Pues, ¿por cuánto tiempo piensa Ud. que perdió el conocimiento?

4. (You did not break any bones but you sprained your ankle.)
No se rompió ningún hueso, sino que se torció el tobillo.

5. (You have a fever. Your temperature is 102.2F.)
Ud. tiene fiebre. El termómetro marca 39C.

6. (Breathe deeply.) **Respire profundamente.**

7. (Cough.) **Tosa.**

8. (You have pneumonia.) **Ud. tiene pulmonía.**

9. (Open your mouth please and stick out your tongue.)
Abra la boca por favor. Y saque la lengua.

10. (I have to give you a shot.) **Tengo que ponerle una inyección.**

11. (I'm going to prescribe some pills for you.)
Voy a recetarle unas pastillas.

3 Golpes

Transforme las siguientes palabras, aplicando lo que aprendió en la sección *A propósito* titulada *Más familias de palabras* de la Lección 31 de *Somos así 3*.

Modelo: rodilla —> _____ rodillazo _____

1. almohada —> _____ **almohadazo** _____

2. palo —> _____ **palazo** _____

3. botella —> _____ **botellazo** _____

4. mano —> _____ **manazo** _____

5. guante —> _____ **guantazo** _____

4 Me confundo

Es muy fácil confundirse, usando los verbos *sentarse* y *sentirse*. Combine la columna **A** con la columna **B** para completar una frase o seguir el sentido. Hay una respuesta que se repite.

A

____C____ 1. No me gustó la montaña rusa porque... después de andar en ella.

____E____ 2. Estaba enfadada con Elena, por eso no... al lado de ella en la cafetería.

____H____ 3. Tienes catarro. ¿Cuántos días hace que... así?

____D____ 4. No comas esa fruta, está podrida y... enfermo.

____A____ 5. ¿Tienes entradas para la función? ¿Dónde...?

____G____ 6. Sufro de alergias. En seguida después de llegar a una casa donde hay un gato... enfermo.

____H____ 7. Jaime, ¿por qué estás de pie cuando ya empezó la clase? Quiero que... ahora mismo.

____B____ 8. Qué resfriado estás. Espero que... mejor para el martes. Tenemos un juego de fútbol.

____F____ 9. ¡Qué avergonzada estuve! Ese chico guapo a quien conocí ayer... a mi lado para almorzar y yo le derramé un vaso de leche.

____I____ 10. Lo siento, Gloria no está aquí. Salió de la fiesta hace una hora porque no... bien.

B

A. te sentarás

B. te sientas

C. me sentí mareado

D. te sentirás

E. me senté

F. se sentó

G. me siento

H. tes ientes

I. se sentía

5 ¿Dónde va el énfasis?

Ponga un círculo alrededor de la sílaba que lleva el énfasis en cada una de las siguientes palabras. Añada un acento escrito en cada palabra que lo necesite.

Modelo: Vargas

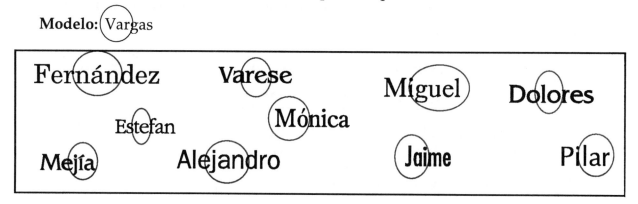

6 ¿Cuánto tiempo hace?

A. Haga frases para decir cuánto tiempo hace que (no) se hacen las acciones, usando la información que se da. Para algunas Ud. tendrá que usar *desde*. Siga el modelo.

Modelo: 7:00 P.M.: Empecé a estudiar.
ahora: 10:00 P.M. (Estoy estudiando.)
Hace tres horas que estudio.

1. 1 de noviembre: Marisol se puso a dieta.

   hoy: 15 de diciembre
   Hace un mes y medio que Marisol está a dieta.

2. 15 de agosto: Juan se rompió la pierna.

   hoy: 30 de agosto
   Hace dos semanas que Juan se rompió la pierna.

3. 8:15 P.M.: Leonor fue a la biblioteca.

   ahora: 8:40 P.M. (Leonor sigue en la biblioteca.)
   Hace 25 minutos que Leonor fue a (está en) la biblioteca.

4. 2:00 P.M.: Costanza empezó a cortar la hierba.

   ahora: 4:00 P.M. (Costanza está cortando la hierba.)
   Costanza corta la hierba desde hace dos horas.

5. el mes pasado: Vi a Pepe antes de su salida.

   este mes: (Todavía no lo he visto desde su regreso.)
   No veo a Pepe desde hace un mes.

B. Repita el ejercicio anterior, usando la misma información, pero para este ejercicio diga cuánto tiempo hacía que ocurría.

Modelo: Hacía tres horas que estudiaba.

1. **Hacía un mes y medio que Marisol estaba a dieta.**
2. **Hacía dos semanas que Juan se había roto la pierna.**
3. **Hacía veinticinco minutos que Leonor había ido (estaba en) a la biblioteca.**
4. **Costanza cortaba la hierba desde hacía dos horas.**
5. **No veía a Pepe desde hacía un mes.**

Lección 32

1 Sopa de letras

Encuentre doce palabras referentes a enfermedades o que pueden aparecer en una hoja clínica. (Los acentos no están incluidos.) Las palabras están organizadas en forma vertical, horizontal y diagonal, y también pueden estar escritas al revés.

2 Llenando una forma médica

Imagine que Ud. está preparándose para un viaje fuera de su país. Llene esta forma con los datos que se piden. Puede inventar respuestas si Ud. prefiere.

HOJA CLINICA

✍ Sírvase llenar los siguientes espacios en blanco: **Answers will vary.**

NOMBRE: _____   FECHA: _____

DIRECCION: _____   DR.: _____

SEGURO SOCIAL _____   PLAN DE SEGUROS: _____

NOMBRE DEL PADRE Y DE LA MADRE: _____

ESTATURA: _____ PESO: _____ EDAD: _____

¿HA ESTADO HOSPITALIZADO ALGUNA VEZ? _____ ¿POR QUE? _____

¿ESTA TOMANDO ALGUNA MEDICINA? _____

¿QUE ENFERMEDADES HA HABIDO EN SU FAMILIA? _____

DIABETES _____ CANCER _____ CORAZON-PRESION ALTA _____

¿HA TENIDO UD.:   SARAMPION? _____

                    PAPERAS? _____

                    ASMA? _____

                    OPERACIONES? _____ CIRUGIA PLASTICA _____

                    ALERGIAS? _____ PENICILINA _____

                    FRACTURAS? _____

                    ACCIDENTES? _____

¿FUMA UD.? _____ ¿TOMA UD. BEBIDAS ALCOHOLICAS? _____

¿DROGAS? _____ ¿DUERME BIEN? _____

SINTOMAS: ¿fiebre? _____   ¿erupciones de la piel? _____

           ¿mareos? _____   ¿dolor de garganta? _____

           ¿tos? _____   de cabeza? _____

           ¿coriza? _____   de estómago? _____

           ¿inflamación? _____   de muelas? _____

           ¿vómitos? _____   de oído? _____

           ¿infección? _____

---

3 Quejas

Llene cada espacio en blanco con una preposición y un pronombre apropiado para completar las siguientes oraciones.

> **Modelo:** ¡Mi novio me pone furiosa! Siempre le regalo algo para nuestros días especiales pero él nunca se acuerda _____ **de mí** _____.

1. Quiero pasar un rato con Diana. Tú siempre sales con ella por eso nunca está _____ **conmigo** _____.

2. ¿Dónde está tu perrito? Nunca sales _____ **sin él** _____.

3. Me enferma esta situación. Nunca puedo usar el baño primero por la mañana. Ale, hoy tienes que usarlo después _____ **de mí** _____.

4. ¿Qué dices? Te oímos y creemos que hablas _____ **de nosotros** _____.

5. Mamá, Anita tiene mucho que hacer y yo no. ¿Quieres que yo limpie los platos en vez _____ **de ella** _____?

6. No le hables a Laura. Ella sueña despierta. Su novio está de vacaciones y ella piensa _____ **en él** _____.

7. ¡Los padres! No los entiendo. Siempre que nos castigan, dicen lo mismo: "Lo sentimos, pero lo hacemos _____ **por Uds.** _____".

8. ¡Qué pena! Aunque somos amigas de Alfredo y Paco, no nos gusta sentarnos delante _____ **de ellos** _____ en la clase de álgebra porque tratan de hacernos reír.

9. Abuelita, cierra los ojos. Tengo una sorpresa _____ **para ti** _____.

10. No me lo digas. _____ **Según tú** _____, soy yo la que siempre está equivocada.

4 Crucigrama
Haga el siguiente crucigrama.

Horizontales

1. término médico que se refiere a un hueso roto
4. Si uno tiene que visitar al dentista por algún dolor, se dice que tiene dolor de _____.
5. órganos en el pecho que nos permiten respirar (singular)
7. la parte del cuerpo que se usa para oír (no se refiere a la parte exterior)
8. una enfermedad que causa fiebre y glándulas hinchadas
11. un formulario que llena un/a paciente para indicar las enfermedades que han habido en su familia (dos palabras)
13. lo que se usa para caminar cuando se tiene un hueso roto
14. lo que escribe un médico para que un/a paciente pueda obtener la medicina necesaria en una farmacia
15. lo que se usa para que un hueso roto no se mueva
16. la parte más alta de la pierna

Verticales

2. un médico que opera a uno de una pierna, de apendicitis, etc.
3. una de las expresiones que se grita cuando uno necesita ayuda, por ejemplo, a causa de un accidente
6. perder el conocimiento
9. inyecciones que se dan para impedir la propagación de enfermedades contagiosas o graves
10. una enfermedad contagiosa que produce erupciones de piel circulares y rojizas
12. la parte de la boca que se saca para que un médico le examine la garganta

5 Preposición e infinitivo

Complete la segunda oración de cada pareja de abajo de acuerdo con el sentido de la primera, llenando los espacios en blanco con una preposición de la lista y con el infinitivo apropiado.

sin	después de	para
por	en vez de	

Modelo: Mi abuela no presta atención cuando maneja.
Ella conduce _____sin prestar_____ atención.

1. Genoveva iba a asistir a la universidad este semestre, pero decidió viajar a Alemania.

   Genoveva viaja a Alemania _____**en vez de asistir**_____ a la universidad

   este semestre.

2. Martín salió de tanta prisa para llegar a tiempo a su trabajo que no desayunó.

   Martín salió _____**sin desayunar**_____.

3. Lucía se compró casi todo lo que vio en el Rastro. Trató de ponerlo en la maleta, pero

   no pudo cerrarla.

   Lucía no pudo cerrar la maleta _____**después de llenarla**_____ con todas sus

   compras.

4. Ayer un policía paró a Consuelo y le puso una multa. Ella conducía con exceso de

   velocidad.

   Ayer Consuelo recibió una multa _____**por conducir**_____ con exceso de velocidad.

5. Diego estudió el plano del metro. No quería perder su parada.

   Diego estudió el plano del metro _____**para no perder**_____ su parada.

6. Cuando llamé a Patricio no podía hablarme. Salía a cenar con su familia en cinco

   minutos.

   Cuando llamé a Patricio, él estaba _____**para (por) salir**_____ a cenar.

Selecciones literarias

Ricardo Palma y sus *Tradiciones peruanas*

El siete de febrero de 1833, pocos años después del comienzo de la vida independiente del Perú, nacía en la capital, Lima, el escritor Ricardo Palma. El llegó a ser una de las figuras más prestigiosas de la literatura peruana del siglo XIX.

Lima iba dejando gradualmente su pasado colonial y modernizándose. Palma, poeta, periodista, historiador, empezó la tarea de rescatar *(rescue)* del olvido y de preservar esa época de cambios. Su modo de hacerlo fue la literatura, y dentro de ella, una narración entonces nueva que él desarrolló especialmente en la segunda mitad del siglo XIX, la *tradición*. Este es un tipo de texto literario que, sin ser cuento ni crónica, ni de ficción ni histórico, combina elementos de todas estas formas. En la *tradición*, un autor evoca un suceso del pasado, una anécdota, un hecho histórico, un conflicto político o sentimental, y también añade datos inventados que mejoran la narración. El texto recibe una contribución de color local dada por medio del uso de refranes, dichos populares y palabras del lenguaje cotidiano.

Como observador y crítico de la Lima en que vivió, de sus personajes y sus transforma-ciones, Palma dedicó treinta años a reproducir ese pasado, con detalles, con humor y hasta con ironía. La primera serie de sus *Tradiciones* se publicó en 1872. Treinta años después, Palma había completado un verdadero archivo de costumbres.

Su fama como creador del género de la *tradición* casi hizo olvidar su poesía—a pesar de haber publicado varios libros—y sus obras de teatro dramático. Ambos, poesía y teatro, muestran a un escritor romántico, por momentos satírico y siempre preocupado por los detalles.

Ricardo Palma murió el seis de octubre de 1919. Dejó sus *Tradiciones* peruanas como testimonio de una época que, gracias en parte a su trabajo de reconstrucción, pudo ser mejor entendida más tarde.

Preguntas

Possible answers:

1. ¿Cuándo vivió Ricardo Palma?

   Vivió desde 1833 hasta 1919.

2. ¿Dónde vivió?

   Vivió en Lima, Perú.

3. ¿Qué hizo Ricardo Palma con el pasado y con qué objetivo?

   Lo rescató del olvido para preservarlo en sus *Tradiciones peruanas*.

4. ¿Qué características tiene la *tradición* que la hacen una forma especial?

   Combina elementos de varias formas literarias para crear una narración

   que tiene su base en la realidad, pero que emplea elementos de fantasía e

   imaginación. Usa color local para evocar anécdotas, hechos históricos y

   conflictos políticos o sentimentales.

5. ¿Cuántos años aproximadamente dedicó Palma a escribir *Tradiciones*?

   Dedicó treinta años aproximadamente para escribirlas.

6. Además de las *tradiciones*, ¿qué otras cosas escribió Palma?

   Escribió poesía y teatro dramático.

7. ¿Cuál cree Ud. que fue la importancia de Ricardo Palma en la literatura peruana?

   Creó una nueva forma literaria, la *tradición*.

CAPITULO 9

Lección 33

1 **En la peluquería**

Los clientes de una peluquería pueden leer sobre un colorante nuevo. Lea el aviso comercial, contestando las preguntas que lo siguen.

MOTIF DE CLAIROL, EL NUEVO COLORANTE EN GEL DE CLAIROL

exigente mercado europeo.

Motif de Clairol no sólo cumple las premisas básicas de todo colorante, cubriendo totalmente las canas y aclarando, oscureciendo o realzando el color natural del cabello, sino que, además, garantiza que el color elegido permanecerá inalterable entre una aplicación y la siguiente.

Motif ofrece una gama de 20 tonos tan naturales que nunca parece que el pelo está teñido.

Los rubios nunca enrojecen, los castaños son luminosos y los rojizos, radiantes.

Por último, Motif incluye una crema suavizante de fórmula exclusiva. Aplicada después del colorante, fija el color y da muchísima mayor vitalidad al cabello, que siempre aparece perfectamente acondicionado, brillante y sedoso.

Clairol ha introducido en España su última gran creación: Motif. Un colorante en gel que viene a cubrir todas y cada una de las necesidades del

1. ¿Dónde se ha presentado este producto nuevo?

   Se ha presentado en España.

   _____

2. ¿Cómo es el mercado europeo?

   Es un mercado exigente con muchas necesidades.

   _____

3. ¿Qué hace todo colorante?

   Cubre totalmente las canas y aclara, oscurece o realza el color natural de cabello.

4. ¿Qué más ofrece hacer Motif de Clairol que no hacen otros colorantes?

   Garantiza que el color elegido no cambia entre aplicaciones.

5. ¿Por qué Motif ha producido veinte tonos?

   Porque la variedad de tonos diferentes aseguran que el pelo se vea natural y nunca parezca estar teñido.

6. A veces, ¿qué les ocurre a los rubios que se tiñen el pelo?

   El pelo se les enrojece.

7. ¿Para qué se usa la crema suavizante que incluye Motif?

   Se usa para fijar el color y para dar mayor vitalidad al cabello.

8. ¿Cómo hace aparecer el pelo esta crema?

   Lo hace aparecer acondicionado, brillante y sedoso.

2 Costa Rica

Conteste las siguientes preguntas sobre Costa Rica. Algunas requieren que Ud. consulte otros libros.

1. ¿Cuál es la capital de Costa Rica?
   San José.

2. ¿Cuáles son los límites del país? (países y cuerpos de agua)
   Sus límites son Nicaragua, el Océano Pacífico, el Mar Caribe y Panamá.

3. ¿De dónde vino el nombre Costa Rica?
   Cristóbal Colón lo nombró cuando vio la vegetación exuberante y los
   adornos de oro que llevaban los indígenas.

4. ¿Cuál es la población de Costa Rica?
   Hay casi tres millones de habitantes.

5. ¿Cuál es la moneda costarricense y cuál es el origen de su nombre?
   La moneda es el colón, y se le dio su nombre en honor de Cristóbal Colón.

6. ¿Cuáles son otras dos ciudades principales del país?
   Otras ciudades principales son Alejuela, Cartago, Liberia, Heredia, Limón
   y Puntarenas.

7. ¿Qué sabe Ud. del gobierno de Costa Rica?
   Es un país democrático, sin ejército, y sin dictadores.

8. ¿Cuáles otras dos o tres cosas más sabe Ud. sobre Costa Rica?
   Answers will vary.

3 Lamentando errores

Silvia y su hermana fueron de vacaciones. Llevaron solamente ropa abrigada *(warm)*. Ahora lamentan su error porque el calor es intolerable. Ayúdelas a completar sus quejas, siguiendo el modelo.

Modelo: Todo habría sido diferente si ellas __hubieran preparado mejor el viaje__.
(preparar mejor el viaje)

1. No abríamos traído sino ropa de verano si **les hubiéramos preguntado a los abuelos por el clima**. (preguntar por el clima a los abuelos)

2. Silvia no habría traído estos suéteres ni los pantalones de lana, pero en cambio **hubiera traído unos pantalones cortos**. (traer unos pantalones cortos)

3. Traje un par de botas y un par de zapatos. Habría traído sandalias si **hubiera pensado bien**. (pensar bien)

4. Mi madre nos lo dijo. Habríamos puesto unas cuantas blusas en las maletas si **le hubiéramos hecho caso**. (hacerle caso)

5. ¡No tengo traje de baño! Habría podido traer el nuevo, o el rojo estampado, si **hubiera sabido que íbamos a la playa**. (saber que íbamos a la playa)

6. Habría comprado algo de ropa liviana *(lightweight)* si **no hubiera gastado todo el dinero**. (no gastar todo el dinero)

7. No nos habríamos quejado durante tanto tiempo si **hubiéramos planeado nuestro viaje**. (planear nuestro viaje)

4 ¿Cómo hubiera sido diferente?

Complete lógicamente los espacios en blanco con el pluscuamperfecto del subjuntivo del verbo entre paréntesis.

1. Si los moros no **hubieran invadido** el territorio que ahora es España, el país no tendría una gran riqueza de estilos de arquitectura. (invadir)

2. Las regiones de Aragón y Castilla no habrían sido unificadas si Fernando e Isabel no se **hubieran casado**. (casarse)

3. Europa no habría tenido el chocolate si el conquistador Hernán Cortés no lo **hubiera traído** desde México, donde los aztecas ya lo conocían. (traer)

4. Cinco repúblicas de América del Sur no habrían ganado su independencia de España si Simón Bolívar no **hubiera soñado** con la idea de los Estados Unidos de la América Hispánica. (soñar)

5 **Una carta**

Graciela Alvarado le escribe una carta a una amiga que ahora vive en otro país. Lea la carta, llenando cada espacio en blanco con la forma apropiado de *cualquiera*.

Querida Olivia,

Te escribo mientras espero a mi novio. Viene en (1) **cualquier** momento para llevarme a la joyería. Probablemente te has dado cuenta de la razón por la cual vamos. No es un día (2) **cualquiera**. Aunque compremos el anillo de compromiso hoy, no nos comprometeremos hasta mi cumpleaños, el mes que viene.

He tratado de concentrarme en (3) **cualquier** otra cosa durante varias semanas, pero no he podido. He pensado sólo en cuánto cambiará mi vida después de casarme. Alonso se graduó hace dos años de arquitecto. Y permíteme decírtelo, no es un arquitecto (4) **cualquiera**.

Siempre me promete que (5) **cualquier** día diseñará nuestra casa soñada. Es difícil pensar tan lejos en el futuro, pero como tú sabes, sería una maravilla tener nuestra propia casa diseñada por él. Es seguro, sin embargo, que viviría feliz en (6) **cualquier** apartamento o casa. Pero, ¡perdóname amiguita mía! Me olvido de lo importante. Quiero pedirte que seas mi dama de honor. No podría soportarlo si tuviera que casarme con (7) **cualquier** amiga al lado mío. Deseo que sea una persona especial a quien amo a como una hermana.

Por eso me alegraría muchísimo si tú me hicieras ese honor.

Escríbeme en (8) **cualquier** momento que tengas libre porque intento llamarte muy pronto para compartir contigo los muchos detalles no incluidos en esta carta y para que hables con mi prometido.

Abrazos y besos a toda la familia.

Con mucho cariño,
Graciela

Lección 34

1 La Plaza Paitilla

Conteste las siguientes preguntas con una frase completa, basándose en el artículo sobre la Plaza Paitilla.

En Punta Paitilla, usted podrá descubrir el centro comercial más atractivo de Panamá: PLAZA PAITILLA. Aquí, entre su moderna arquitectura, con una espectacular fuente central y luminosos caminos decorados al estilo Art-Deco, se encuentran más de 60 tiendas para satisfacer todos los gustos. Joyas, modas, deportes, electrónica, estilistas, decoración, juguetes y galerías. Todo un mundo para hombres y mujeres. Pero PLAZA PAITILLA no solamente ofrece atractivos de compra. También se puede disfrutar de variados menús en sus restaurantes. Qué tipo prefiere? Italiano? Chino? Hamburguesas? Usted escoja. Abierto de lunes a sábado de 10:00 a.m. a 7:00 p.m. y los domingos de 3:00 a 7:00. Alegra a sus visitantes con diferentes actividades todo el año. Mariachis, combos, conjuntos de rock y samba, y diferentes grupos musicales dan la bienvenida. Su amplio estacionamiento, cómodo horario y fácil acceso facilitan al turista su llegada. Verdaderamente si usted no ha visto PLAZA PAITILLA, no ha visto Panamá.

1. ¿Dónde está situado el centro comercial más atractivo de Panamá?

   Está situado en Punta Paitilla.

2. ¿Qué encontrará el visitante en este centro comercial?

   Encontrará sesenta tiendas, varios restaurantes y diferentes espectáculos.

3. Nombre cuatro tipos de tiendas que se pueden encontrar en la Plaza Paitilla?

   Se pueden encontrar joyerías, tiendas de modas (boutiques), tiendas de

   deportes, tiendas de elelectrónica, peluquerías (salones de belleza), etc.

4. ¿Qué tipo de comida sirven en los restaurantes?

   Sirven comida italiana, china y hamburguesas.

5. ¿Cuál es el horario de la Plaza Paitilla?

   Está abierto de lunes a sábado de las 10:00 de la mañana a las 7:00 de la

   noche y los domingos de las 3:00 a las 7:00.

6. ¿Qué tipo de actividades ofrecen?

   Ofrecen mariachis, combos, conjuntos de rock y samba, y diferentes grupos

   musicales.

7. Si uno no ha visto la Plaza Paitilla, ¿qué no ha visto?

   No ha visto Panamá.

2 ¡Proteja su gasto!

Antes de comprar ropa cuando está de compras, Ud. debe considerar algunas de las preguntas en este aviso. Ponga una X en el espacio apropiado para contestar *sí* o *no* a las siguientes preguntas, basando su respuesta en la siguiente información: *El tamaño indicado en la etiqueta es igual al tamaño de la prenda; el saco me queda a la medida, las mangas del saco no se pueden alargar, la etiqueta dice que se debe llevar siempre a la lavandería o a la tintorería, no sé de qué esta hecha, la prenda tiene una mancha, hay una costura (seam) en el bolsillo que no está bien cosida, los ojales (button holes) están perfectos, falta un botón en el cuello, la cremallera (zipper) del pantalón está bien.*

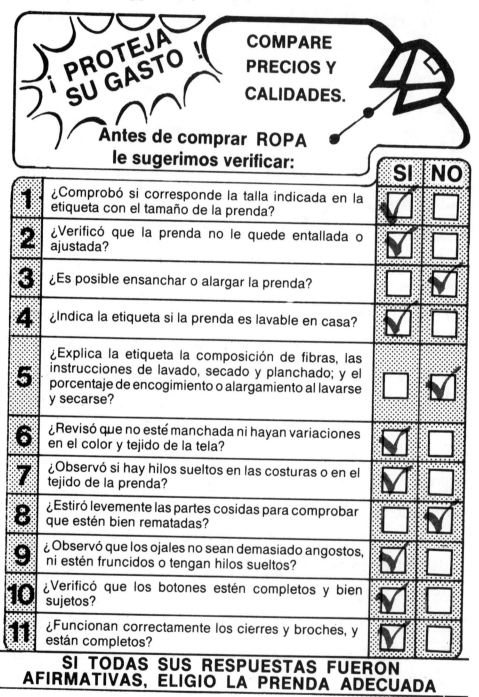

¡PROTEJA SU GASTO! COMPARE PRECIOS Y CALIDADES.

Antes de comprar ROPA le sugerimos verificar:

		SI	NO
1	¿Comprobó si corresponde la talla indicada en la etiqueta con el tamaño de la prenda?	✓	
2	¿Verificó que la prenda no le quede entallada o ajustada?	✓	
3	¿Es posible ensanchar o alargar la prenda?		✓
4	¿Indica la etiqueta si la prenda es lavable en casa?	✓	
5	¿Explica la etiqueta la composición de fibras, las instrucciones de lavado, secado y planchado; y el porcentaje de encogimiento o alargamiento al lavarse y secarse?		✓
6	¿Revisó que no esté manchada ni hayan variaciones en el color y tejido de la tela?	✓	
7	¿Observó si hay hilos sueltos en las costuras o en el tejido de la prenda?	✓	
8	¿Estiró levemente las partes cosidas para comprobar que estén bien rematadas?		✓
9	¿Observó que los ojales no sean demasiado angostos, ni estén fruncidos o tengan hilos sueltos?	✓	
10	¿Verificó que los botones estén completos y bien sujetos?	✓	
11	¿Funcionan correctamente los cierres y broches, y están completos?	✓	

SI TODAS SUS RESPUESTAS FUERON AFIRMATIVAS, ELIGIO LA PRENDA ADECUADA

3 Panamá

Conteste las siguientes preguntas sobre Panamá. Algunas requieren que Ud. consulte otros libros.

1. ¿Cuál es la capital de Panamá?

   Ciudad de Panamá.

2. ¿Cuáles son los límites del país? (países y cuerpos de agua)

   Sus límites son el Mar Caribe (o Mar de la Antillas), el Océano Pacífico,

   Colombia y Costa Rica.

3. ¿Quién era Henry Morgan?

   Era un piratata que destruyó la ciudad de Panamá la Vieja en 1671.

4. ¿Cuál es la moneda panameña y cuál es el origen de su nombre?

   La moneda es el balboa, y se le dio su nombre en honor de Vasco

   Nuñez de Balboa.

5. ¿Qué es San Blas?

   Es un archipiélago de 365 islas.

6. ¿Cuáles son otras dos ciudades principales del país?

   Otras ciudades principales son San Miguelito, Colón y David.

7. ¿Cuáles otras dos o tres cosas más sabe Ud. sobre Panamá?

   Answers will vary.

4 ¿De qué color es?

Llene los espacios en blanco con la forma apropiada del color usual de las cosas mencionadas.

1. El color usual del vestido matrimonial es _____ blanco _____.

2. Las espinacas son _____ verdes _____.

3. El cielo sin nubes ni humo es _____ azul _____.

4. Un plátano maduro es _____ amarillo _____.

5. Las letras en esta página son _____ negras _____.

6. La bandera de los Estados Unidos es

   _____ roja _____,

   _____ blanca _____ y

   _____ azul _____.

7. La nieve es

   _____ blanca _____.

8. Las fresas maduras son _____ rojas _____.

9. Las zanahorias son _____ anaranjadas _____.

5 Tallas y tamaños

Imagine que Ud. trabaja en una boutique donde las tallas y los tamaños están indicados usando el sistema europeo. Las personas mencionadas quieren comprar los artículos de ropa indicados, pero no saben cómo convertir las tallas y tamaños del sistema norteamericano al sistema europeo. Ayude a sus clientes con la conversión para completar la venta, siguiendo el modelo.

Modelo: Marta: unas zapatillas número 6
Ud. debe comprar unas 38.

1. Gerardo: un abrigo azul claro número 38
   Ud. debe comprar un 48.
   _____

2. Roberto: unas camisas a rayas número 16
   Ud. debe comprar unas 40.
   _____

3. la Sra. Cruz: un vestido estampado número 18
   Ud. debe comprar un 48.
   _____

Algunas equivalencias aproximadas

Trajes y abrigos para hombres

| Estados Unidos | 36 | 38 | 40 | 42 | 44 | 46 |
| Europa | 46 | 48 | 50 | 52 | 54 | 56 |

Vestidos y abrigos para mujeres

| Estados Unidos | 8 | 10 | 12 | 14 | 16 | 18 |
| Europa | 38 | 40 | 42 | 44 | 46 | 48 |

Camisas

| Estados Unidos | 14 | 14½ | 15 | 15½ | 16 | 16½ |
| Europa | 36 | 37 | 38 | 39 | 40 | 41 |

Zapatos para hombres

| Estados Unidos | 8 | 8½ | 9½ | 10½ | 11½ | 12 |
| Europa | 41 | 42 | 43 | 44 | 45 | 46 |

Zapatos para mujeres

| Estados Unidos | 6 | 6½ | 7 | 7½ | 8 | 8½ |
| Europa | 38 | 38 | 39 | 39 | 40 | 41 |

4. Marité: un par de zapatos de tacones altos número 7 1/2

   Ud. debe comprar unos 39.
   _____

5. Alicia: un abrigo de color entero número 8

   Ud. debe comprar un 38.
   _____

6. el Sr. Buñuel: una camisa blanca número 16 1/2

   Ud. debe comprar una 41.
   _____

7. Ana: un vestido rojo vivo número 10

   Ud. debe comprar un 40.
   _____

8. Pepita y su hermana gemela: dos pares de tenis número 8

   Uds. deben comprar unos 40.
   _____

9. José: un traje azul marino número 42

   Ud. debe comprar un 52.
   _____

10. Alejandro y Jaime: unas camisas rebajadas número 15

    Uds. deben comprar unas 38.
    _____

6 **Sopa de letras**

Encuentre las formas aumentativas de los siguientes sustantivos, repasando las reglas que aprendió en la Lección 34: *barriga* (belly), *bigote, cabeza, calabaza, camión, cuchara, discurso, guante, naranja, oreja, perro, susto, zapato*. (Los acentos no están incluidos.) Las palabras están organizadas en forma vertical, horizontal, diagonal y también pueden estar escritas al revés.

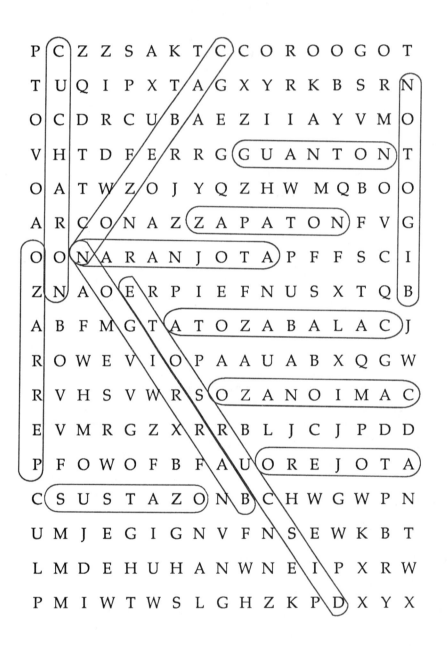

Lección 35

1 Venezuela

Conteste las siguientes preguntas sobre Venezuela. Algunas requieren que Ud. consulte otros libros.

Caracas, la ciudad dinámica en el país más caribeño: Venezuela.

La capital de Venezuela es una de las grandes ciudades del mundo. Fascinante, dinámica, ágil, alegre, moderna, testigo y promotora de la cultura y el arte. Original, voluptuosa y abierta, ha sabido conservar las huellas de su historia.

Hay dos Caracas, la del día y la de la noche; en las dos reina la simpatía.

Grandes hoteles, magníficos restaurantes,

exponentes de grandes cocinas mundiales y los más exóticos sabores, prueban que Caracas sabe recibir al visitante con la cordialidad y el servicio que le hacen sentir como en su propia casa.

Y a poca distancia, el Caribe verde-azul con sus playas blancas y luminosas.

Toda Caracas, la gran ciudad del país más caribeño, Viasa se la acerca, en un vuelo que, de principio a fin, será inolvidable, porque TODO ES FASCINANTE.

Consulte a su agente de viajes.

1. ¿Cuál es la capital de Venezuela?
   Caracas.

2. ¿Cuáles son los límites del país? (países y cuerpos de agua) **Sus límites son el Mar Caribe, el Océano Atlántico, Guyana, Brasil y Colombia.**

3. ¿Cuál es la población de Venezuela?
   Hay más de dieciocho millones de habitantes.

4. ¿Qué cadena de montañas, que recorre toda América del Sur, tiene uno de sus extremos en Venezuela? **Los Andes.**

5. ¿Cuál es la producción venezolana más importante? **El petróleo.**

6. ¿Qué sabe Ud. sobre Simón Bolívar?
   Es el héroe nacional venezolano. Es conocido como *El Libertador*.

7. ¿Cuáles son otras dos ciudades principales del país?
   Otras ciudades principales son Maracaibo, Valencia, Barquisimeto, Maracay y Ciudad Guayana.

8. ¿Cuáles otras dos o tres cosas más sabe Ud. sobre Venezuela?
   Answers will vary.

2 La moda y su historia

Lea el artículo *La moda y su historia* y decida si lo que sigue es o cierto (C) o falso (F), escribiendo su respuesta en la línea en blanco.

_____C_____ 1. A Wilma Valle le ha gustado mucho la moda desde que era una adolescente.

_____F_____ 2. La moda se convirtió en una de las materias favoritas de Wilma porque no tenía nada que ver con las culturas de los países.

_____F_____ 3. Cuando se estudia la historia de la moda se aprende sobre los estilos que se usaron hace 500 años y que nunca más se volverán a usar.

_____C_____ 4. Hoy en día, hay gran variedad de tendencias en el diseño de faldas, pantalones y accesorios.

_____F_____ 5. Una de las nuevas tendencias es la moda Chanel, que ha hecho muy popular a Karl Lagerfeld, uno de los diseñadores de la casa Chanel.

_____F_____ 6. Coco Chanel fue una vendedora muy importante de ropa en París.

_____C_____ 7. Chanel supo realzar el orgullo de la mujer nueva por medio de sus diseños.

_____C_____ 8. Una de las características más importantes de la moda Chanel es el largo de la falda, justo debajo de la rodilla.

_____C_____ 9. Chanel utilizó texturas diferentes para la ropa de alta costura, como el algodón y el *jersey*.

La moda y su historia

Wilma Valle

Hablemos de la moda

Desde la adolescencia he sido amante de la moda. Pero fue durante los estudios de diseño que me enamoré de su historia, que se convirtió rápidamente en una de mis materias favoritas; primero porque habla de las culturas de diferentes países y épocas y segundo porque me ayuda a interpretar y reinterpretar la moda de nuestros días.

Cuando se estudia la historia de la moda se aprende sobre los estilos que se han utilizado antaño y las razones para que prduraran o para que desaparecieran sin pena ni gloria. Esto me ayuda a pronosticar acertadamente los estilos de nuestros tiempos que pegarán y aquellos que serán simplemente un "fad" pasajero.

Hoy inicio una serie de columnas sobre diferentes fguras y épocas en la historia de la moda que sentaron pautas y por qué, lo que nos ayudará a comprender la moda que nos toca vestir.

Por ejemplo, como todos sabemos, hoy se utilizan todos los largos y son muchas las tendencias de la moda en las faldas, pantalones y accesorios. Pero una de éstas, es la "nueva" moda Chanel, que ha popularizado Karl Lagerfeld, el diseñador principal de la casa parisina Chanel y por la que ha sido premiado internacionalmente.

Valdría la pena preguntarse cómo surgió la moda Chanel, por qué este "revival" o reposición de una moda de los años 20.

Demos una mirada retrospectiva a la segunda década de este siglo. Conoceremos a una joven y talentosa diseñadora francesa conocida como Coco Chanel. De los muchos diseñadores que he estudiado, Chanel tiene un lugar especial. No fue sólo una mujer brillante, conocedora del arte y del buen gusto, sino también pionera del feminismo. Supo vestir a una mujer para enfrentarse a los retos que le planteaba una nueva vida, una vida liberada.

Chanel captó la conciencia de la mujer nueva y les ofreció ropa que expresara el orgullo de ser mujer. Sus estilos fueron instrumentales en el desarrollo de una moda de ropa cómoda y funcional para las mujeres traajadoras. Las tendencias que estableció entonces se convirtieron en clásicas, tan clásicas que todavía las llevamos hoy para estar muy "in".

Una de las características principales de la moda Chanel es el largo del ruedo porque éste favorece a todo tipo de mujer. Es justo debajo de la rodilla, lo cual oculta el inicio de la pierna y la rodilla, que en muchas ocasiones es un punto débil para la mujer y nos permite estilizar la figura con las medias y los zapatos.

Fue ella quien utilizó texturas diferentes para la ropa de alta costura, como el algodón y el "jersey" introdujo también los estampados en las blusas en combinación con el forro de las chaquetas, popularizó la moda marinera, con una profusión de botones y los prendedores en la solapa. ¿Reconocen los estilos?

En la próxima columna hablaremos un poco más sobre Coco Chanel y cómo regresan sus estilos cada cierto tiempo.

3 Tratando de hacer las maletas

Anita y Alicia, dos neoyorquinas, acaban de pasar una semana en la Universidad de Penn State. Hacen las maletas para regresar a sus casas, pero se confunden porque durante la semana compartieron todo. Complete su conversación, usando la forma apropiada del adjetivo o pronombre posesivo.

Modelo: ANITA: Nosotras dos trajimos la misma casetera. ¿Cuál es _la tuya_?
ALICIA: La que está sobre la mesa.

ANITA: Alicia, hay un montón de calcetines sucios aquí y me parecen iguales.

¿Cuáles son _____**(los) tuyos**_____?

ALICIA: No tengo la menor idea y a mí no me importa. _____**Los míos**_____

son del mismo tamaño y color que _____**los tuyos**_____.

ANITA: Bueno, tampoco me importa. Podemos decidir a quién pertenecen las

camisetas, mirando la etiqueta. _____**Las mías**_____ son de

tamaño grande y _____**las tuyas**_____ son de tamaño mediano,

¿no?

ALICIA: Sí, pero no olvides que una no es _____**nuestra**_____; es de

Gloria. Se la pedí prestada porque no quería lavar una

_____**mía**_____ a mano. ¿Recuerdas?

ANITA: ¡Cómo no!

ALICIA: Pero Anita, ¿y las toallas? Son todas azules....

ANITA: Sí, pero _____**las mías**_____ son de un azul más claro que

_____**las tuyas**_____.

ALICIA: Así es más fácil. Mira, este champú es _____**(el) tuyo**_____. Mi

botella estaba media vacía y _____**la tuya**_____ estaba casi

llena.

ANITA: Tienes razón, y el desodorante _____**tuyo**_____ está

encima de la cómoda. Ya puse _____**el mío**_____ en la

maleta. Anita, ¿qué haremos? Tenemos solo una hora para hacer todo

y este cuarto parece un desastre.

ALICIA: Sí, pero si caminas por el pasillo y miras en los de las otras, todos están

iguales.

4 ¿Cierto o falso?

Diga si las siguientes oraciones son ciertas (C) o falsas (F), de acuerdo con el diálogo *Jorge y Gerardo van a la joyería* de la Lección 35 de *Somos así 3.*

Modelo: _C_ Jorge prefiere ir de compras con un amigo.

_F_ 1. Jorge y Gerardo están en camino para comprar un corbatín.

_C_ 2. Jorge es algo de Georgina.

_F_ 3. Gerardo no tiene prisa para volver antes de las cinco.

_C_ 4. Es posible que cualquier día Jorge le regale un anillo a Georgina.

_C_ 5. Jorge no sabe exactamente qué regalarle a Georgina.

_F_ 6. Gerardo piensa que una cadena con medallas no sería un buen regalo.

_C_ 7. Jorge tiene una cantidad limitada de dinero para gastar.

_F_ 8. Gerardo dice que un collar de perlas no cuesta mucho.

_F_ 9. Jorge va a perder un ojo si compra un collar de perlas.

_C_ 10. A Gerardo no le gusta tanto como a Jorge.

_C_ 11. Jorge quizá es perfeccionista porque le gusta hacer todas las cosas bien.

_F_ 12. Gerardo piensa que casarse significa tener menos responsabilidad.

5 Las condiciones

A. Eduardo se enfermó hace dos semanas y media. Está en la clínica ahora mismo. Haga el papel de la enfermera o del enfermero, diciéndole en español lo que acaba de decir el médico en inglés.

1. *(You can go away for the weekend provided you eat well.)*
   Puedes ir de vacaciones por el fin de semana con tal de que comas
   bien.

2. *(You can't work unless you work less than five hours the first week.)*
   No puedes trabajar a menos que trabajes menos de cinco horas la
   primera semana.

3. *(Furthermore, you can work only provided your school schedule isn't heavy. I want you to get*
   enough rest so that you get better quickly.)
   Además, puedes trabajar solamente con tal de que no tengas un
   horario muy fuerte en el colegio. Quiero que descanses bastante para
   que te mejores rápidamente.

4. *(Although you feel much better, you're not.)*
   Aunque te sientes mejor, no lo estás.

B. Haga el papel de Eduardo, completando los espacios en blanco con el imperfecto del subjuntivo del verbo apropiado para explicarles a sus padres lo que el médico le dijo. Base sus respuestas en la parte *A* de este ejercicio.

Me dijo que podría ir de vacaciones por el fin de semana con tal de que

_____**comiera**_____ bien. Luego me dijo que no podría volver a trabajar a

menos que _____**trabajara**_____ menos de cinco horas para empezar.

También me dio permiso para trabajar con tal de que no _____**tuviera**_____

un horario escolar muy fuerte. Quería que yo _____**descansara**_____ bastante

para que me _____**mejorara**_____ rápidamente. Me explicó que aunque me

_____**sintiera**_____ mejor, no lo estaba.

Lección 36

1 Crucigrama

Haga el siguiente crucigrama, usando las palabras que aprendió en el Capítulo 9.

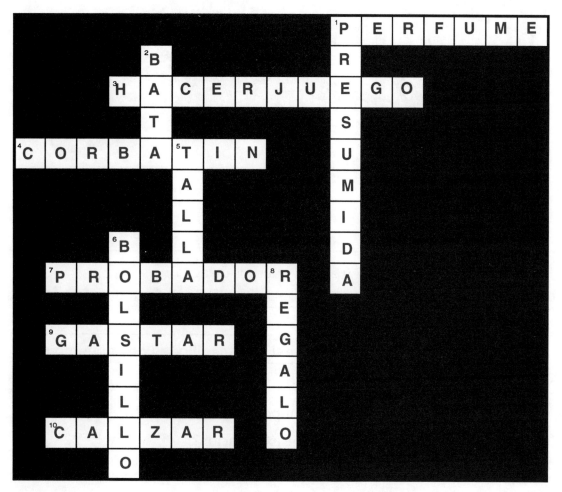

Horizontales

1. lo que se usa para tener un olor agradable
3. Cuando una prenda de vestir se ve bien con otra (quizá a causa de los colores), se lo explica, usando esta expresión. (dos palabras)
4. un tipo de corbata que se lleva en las ocasiones más formales
7. un cuarto muy pequeño donde se prueba la ropa antes de comprarla
9. lo opuesto de ahorrar dinero
10. verbo que usa un dependiente de una zapatería para averiguar qué tamaño necesita un cliente

Verticales

1. una persona a quien le importa mucho su apariencia personal
2. la prenda de vestir que se usa para cubrir un camisón o pijamas
5. una palabra o número que le indica el tamaño de una prenda
6. parte de los pantalones donde un hombre pone llaves, papeles o cualquier otra cosa
8. cosa que se da en muestra de afecto

2 Colombia

Conteste las siguientes preguntas sobre Colombia. Algunas requieren que Ud. consulte otros libros.

1. ¿Cuál es la capital de Colombia? **Santa Fe de Bogotá.**

2. ¿Cuáles son los lmites del país? (países y cuerpos de agua)
   Sus límites son el Mar Caribe, Venezuela, Brasil, Perú, Ecuador, Panamá y el Océano Pacífico.

3. ¿Cuál es la población de Colombia? **Hay casi treinta millones de habitantes.**

4. ¿Qué cadena de montañas cruza Colombia? **Los Andes.**

5. ¿Cuál es la producción colombiana más importante? **El café.**

6. ¿Cuáles son otros dos o tres productos de exportación?
   Son el carbón, las esmeradas, las bananas y las flores.

7. ¿Cuáles son otras dos ciudades principales del país?
   Otras ciudades principales son Medellín, Cali, Barranquilla, Cartegena y Bucaramanga.

8. ¿Cuáles otras dos o tres cosas más sabe Ud. sobre Colombia?
   Answers will vary.

   _____
   _____
   _____
   _____

3 ¿Cómo lo hicieron?

Diga cómo fueron hechas las siguientes cosas, cambiando los adjetivos entre paréntesis a adverbios.

Modelo: Hicimos todas nuestras compras __cómodamente__. (cómodo)

1. Nena decidió ___**fácilmente**___ qué comprarle a la tía. (fácil)
2. El dependiente la escuchó ___**ciudadosamente**___. (cuidadoso)
3. Seleccionamos ___**tontamente**___ un gabán manchado. (tonto)
4. Pero cambiamos ___**rápidamente**___ nuestra selección. (rápido)
5. Entramos ___**silenciosamente**___ a la casa. (silencioso)
6. Preguntó ___**curiosamente**___ acerca de su regalo. (curioso)
7. Recibió ___**felizmente**___ su gabán sin manchas. (feliz)
8. Sonreímos ___**orgullosamente**___. (orgulloso)
9. Lo discutieron ___**largamente**___. (largo)
10. Caminamos ___**lentamente**___ hacia la escuela. (lento)

4 Infintivos y participos

Escoja la letra del segmento de la columna de la derecha que complete lógicamente el segmento de la izquierda.

___G___ 1. Marta se enfermó...

___D___ 2. Rita salió del cuarto...

___B___ 3. Al anciano le gusta hacer sus compras...

___F___ 4. De todas maneras el gabán quedó...

___A___ 5. Mauricio y su mujer gastaron todo su dinero...

___C___ 6. A María le gusta peinarse...

___H___ 7. Rafael se pone la corbata...

___E___ 8. Laura sonrió...

A. al comprar dos anillos de oro.

B. acompañado de sus hijos.

C. sentada en una silla.

D. llorando.

E. al verse en los zapatos de su hermano mayor.

F. manchado.

G. por salir sin abrigo en el invierno.

H. parado frente al espejo.

5 La lavandería/tintorería

La familia Smith está de vacaciones. Quieren mandar su ropa sucia a la lavandería/tintorería de su hotel, pero como no hablan español, no pueden completar esta lista. Ayúdelos a llenar la lista de acuerdo con la siguiente información:

The Smiths
Room 627

We need our laundry tomorrow so we can leave the day after tomorrow. Our dirty laundry consists of 10 undershirts, 4 pairs of shorts, 16 pairs of socks, 2 pairs of pajamas, 4 bras, 1 nightgown, 10 pairs of men's underwear, 2 handkerchiefs and 10 pairs of women's underwear.

Our dry cleaning needs include 1 two-piece suit, 8 shirts, 6 pairs of slacks, 2 ties, 3 dresses, 3 skirts and 3 blouses.

Please press the suit, shirts, slacks, ties, dresses, skirts and blouses.

Nombre: _____ Fecha: _____

NOMBRE / NAME: *John Q Smith* FECHA / DATE: *April 6* HABITACION Nº / ROOM: *627*

✓

NOTA Nº 1: Trabajos exigidos en el día 50 % de recargo.
Orders to be delivered on the day 50 % surcharge.
Estos se aceptan hasta las 10 horas únicamente.
Same day orders must be placed before 10 A.M.

NOTA Nº 2: Trabajos exigidos para el próximo día 30 % de recargo.
Emergency service delivery next day, 30 % surcharge.

NOTA Nº 3: Servicio normal después de las 48 horas.

NOTA Nº 4: Toda costura llevará un recargo de acuerdo a la importancia de la misma.
All needlework will be charged according to the work to be done.

NOTA Nº 5: La casa es responsable de los daños y perjuicios que por culpa o negligencia, comprobada fehacientemente, ocasione en la ropa, hasta un 60 % del valor de las prendas. En todos los casos el cliente deberá exhibir su boleta de compra.
The firm will accept responsability for damage caused to clothing, up to 60 % of the value of the article whenever it is proved that such damage was caused by carelessness on the part of the firm. The customer must produce his purchase slip, with the price of the article.

Hotel
CONTINENTAL
BUENOS AIRES - ARGENTINA

LAVANDERIA - LAUNDRY

Cuenta huésped	Nuestra cuenta		Tarifas desde	TOTAL
		Camisas		
		Camisas - Otro		
10		Camisetas		
10		Calzoncillos		
16		Calcetines		
2		Pañuelos		
		Pantalones		
2		Pijamas		
4		Pantalones cortos		
		Batas		
		Chaquetas		
		Trajes		
		Vestidos		
		Faldas		
		Blusas		
4		Sostenes		
10		Panties		
		Fajas		
		Refajos		
		Medias		
1		Negliges		
		Guantes		
		Pullovers		
		Guayaberas		
		Poleras		
		Camperas jean		
		Camisones Remeras		

TINTORERIA - DRY CLEANING

Cuenta huésped	Nuestra cuenta		Tarifas desde	TOTAL
1		Trajes		
		Chaquetas		
6		Pantalones		
2		Corbatas (sin garantía)		
		Batas		
8		Camisas		
3		Vestidos		
3		Faldas		
3		Blusas		
		Sobretodos		
		Trajes de noche		
		Desde 30,00		

PLANCHAR - PRESSING

Cuenta huésped	Nuestra cuenta		Tarifas desde	TOTAL
1		Trajes		
		Chaquetas		
6		Pantalones		
3		Corbatas		
3		Camisas		
2		Vestidos		
3		Faldas		
3		Blusas		
		Batas		
		Sobretodos		

Por favor indicar fecha de entrega

John Q Smith
Firma del Huésped

Comprobante Nº _____
Voucher

Subtotal ....
IVA 18% (18% TAX) ....

Total	

6 ¿Cuál es la palabra?

Organice las siguientes letras para formar algunas palabras que están relacionadas con la lavandería/tintorería.

Modelo: alarv _____lavar_____

1. hoapcm   __chompa__
2. mcahna   __mancha__
3. áagbn   __gabán__
4. lnapahcr   __planchar__
5. orap   __ropa__
6. blaodr   __doblar__

7. tnbrpmoocae __comprobante__
8. haucqtea   __chaqueta__
9. leaodcid   __delicado__
10. ndrbgaaia   __gabardina__
11. acaodhnm   __manchado__
12. oiusc   __sucio__

7 Preguntas personales

Conteste las siguientes preguntas, relacionando sus respuestas con lo que ocurre en el diálogo ¿*Tienes algo para la tintorería*?

Answers will vary.

1. ¿Hace Ud. mandados (run errands) solamente cuando es necesario? Explique.

_____

_____

_____

2. ¿Cuáles son las prendas de vestir que Ud. lleva a la lavandería/tintorería?

_____

_____

_____

3. ¿Ha hecho Ud. un mandado, sin tener la necesidad de hacerlo, sólo por ver o visitar a alguien? Explique.

_____

_____

_____

_____

Selecciones literarias

Los cuentos de Don Juan Manuel

La historia nos cuenta que el día 12 de junio de 1333, un lunes para ser más precisos, Don Juan Manuel termina el tercero y más famoso de sus libros. Los dos anteriores eran manuales de caza y de caballería, con historia y canciones. Pero *El Conde Lucanor* era distinto: representaba, quizás, el mejor ejemplo de cuentos de la literatura española de la Edad Media.

Los cuentos medievales eran *ejemplos*, con un argumento sencillo, con muy poco diálogo y que buscaban enseñar o explicar un consejo moral por medio de una experiencia. Por lo general terminaban en una moraleja o en un proverbio, que era la consecuencia del ejemplo literario y la síntesis de la intención moralizadora. Aproximadamente cincuenta cuentos o ejemplos componen el libro, y todos ellos tienen la misma forma: el Conde Lucanor pide consejos ante problemas difíciles de solucionar a un anciano sabio, Patronio, quien cuenta entonces una historia similar o parecida al problema que el conde le presenta. Al final del relato, después de escuchar atentamente, el conde encuentra la solución a su propio problema y la moraleja, presentada generalmente en verso, termina la narración.

Esa costumbre de contar una historia para solucionar un problema de la vida real era típicamente oriental y fue llevada a España por los moros. Algunas historias del Conde Lucanor eran adaptaciones de otras de ese origen. Una, por ejemplo, la número VII, vuelve a contar con modificaciones una fábula de Esopo.

Para evitar errores en el futuro, y porque no confiaba en los que copiaban manuscritos para publicar libros, Don Juan Manuel quiso asegurar los originales para preservar la versión auténtica. Para eso los depositó en un monasterio que él construyó cerca de lo que hoy es la ciudad de Valladolid. Pero nunca fueron encontrados o rescatados de entre las ruinas a las que hoy está reducido ese monasterio.

Preguntas

1. ¿En qué siglo, en qué período histórico y en qué país Don Juan Manuel escribió *El Conde Lucanor*?

   <u>Escribió *El Conde Lucanor* en el siglo XIV en la Edad Media en España.</u>

   _____

   _____

2. ¿Cómo está organizado el libro y cada cuento? ¿Hay alguna estructura común?
   Son 50 cuentos y cada cuento narra una experiencia con la que Patronio
   enseña al Conde Lucanor y con una moraleja o proverbio al final.
   _____

3. ¿Por qué los cuentos medievales se llamaban también *ejemplos*?
   Porque son ejemplos narrados para enseñar.
   _____
   _____

4. ¿Cuál es el origen de los cuentos medievales españoles?
   Son de origen oriental.
   _____
   _____

5. ¿Cómo se cierra cada cuento de Don Juan Manuel?
   Se cierra con una moraleja o proverbio.
   _____
   _____

6. ¿Qué decidió hacer Don Juan Manuel con los manuscritos de su libro y por qué razón?
   Decidió guardarlos en un monasterio para evitar errores de los
   copiadores.
   _____

Lección 37

1 Buscando trabajo

Conteste las siguientes preguntas, basándose en los dos anuncios clasificados.

1. ¿Qué empresa (compañía) ofrece un empleo como Director Creativo?
   J.W.T./Norlop-Thompson.

2. ¿Cuáles son los requisitos para el empleo con J.W.T./Norlop-Thompson?
   Uno tiene que ser joven, pero experimentado.

3. ¿Cree Ud. que una lengua extranjera le puede ayudar a obtener un empleo con
   J.W.T./Norlop-Thompson? Explique.

   Sí, una lengua extrajera le puede ayudar a obtener un empleo porque hay la

   oportunidad de trabajar con clientes internacionales.

4. ¿Cuáles son los requisitos para el empleo de Supervisor de Ventas?
   Uno tiene que tener 24-40 años, estudios de ventas y mercadeo, buena

   presencia, facilidad en la comunicación interpersonal, creatividad,

   responsabilidad, personalidad y un medio de transporte.

5. ¿Dónde trabajaría uno si obtiene el empleo con cada una de las dos empresas?
   Si se obtiene con J.W.T./Norlop-Thompson, trabajaría en Quito, Ecuador; si se

   obtiene con la empresa de alimentos, trabajaría en Santiago de Chile.

2 Los museos madrileños

Lea este artículo para aprender más sobre los pintores españoles y algunos de los museos en que están algunas de sus obras. Decida si la información que sigue es cierta (C) o falsa (F).

C 1. Los retratos de Goya pintan lo bueno tanto como lo irónico de la sociedad madrileña de la época en que le tocó vivir.

C 2. El retrato *Fusilamientos* de Goya pinta el horror de la guerra de 1808.

F 3. Cuando Goya se quedó sordo, siguió disfrutando la vida a través de su arte.

C 4. Las obras de Velázquez le sirvieron para comentar sobre la estructura social de la época.

C 5. Por los ojos de este pintor, vemos que la alta sociedad estaba tan interesada en entretenerse que no sentía ninguna culpa por burlarse de la desgracia física de otros.

F 6. En el Casón del Buen Retiro se encuentran únicamente las obras de la época de Felipe IV, quien construyó el edificio.

F 7. El retrato de la condesa de Vilches pintado por Francisco de Madrazo es uno de los mejores cuadros del Museo del Prado.

C 8. La casa de Joaquín Sorollo, artista impresionista, está convertida en museo.

F 9. *Guernica*, el famoso cuadro de Picasso, se halla en el Museo de Artes Decorativas.

C 10. Picasso pintó esta obra con motivo del bombardeo alemán de la ciudad española del mismo nombre, durante la Guerra Civil que duró desde 1936 hasta 1939.

C 11. Según la escritora de este artículo, las cerámicas, los textiles, y los muebles son formas de arte tan importantes como la pintura y la literatura.

F 12. El Museo Español de Arte Contemporáneo es donde se exhibe el arte moderno de los pintores maestros como Dalí y Joan Miró, nada más.

C 13. Los dibujos prehistóricos de las cuevas de Altamira se consideran las formas más antiguas de arte.

C 14. El número y variedad de museos de Madrid permitirían que un visitante no hiciera más que visitarlos durante su estancia entera.

Un paseo por los museos madrileños

MARIA DEL REMEDIO

Madrid es una ciudad de museos: grandiosos unos, como el museo del Prado, recónditos y poco conocidos otros, como el museo Sorolla. Pero tanto los más famosos como los pequeños, todos tienen algo del arte de España, y del mundo, interesante para el visitante.

En el Museo del Prado, la visita debe comenzar por lo español: Goya y Velázquez están representados allí en toda su grandeza. Del primero están los dibujos preimpresionistas de su juventud, con las escenas de la vida social de un Madrid provinciano y feliz, hasta los retratos de las damas más conocidas de la época, pasando por sus irónicos retratos y escenas de la Corte. Y luego, el otro lado: la guerra de 1808 —con los impresionantes fusilamientos del 2 de mayo— y las pinturas terribles y misteriosas de su última época, las pinturas de la Quinta del Sordo, cuando Goya ha perdido la capacidad de oir y se ha convertido en un viejo solitario y malhumorado.

De Velázquez están los retratos de la Corte, vistos con un ojo menos severo y respetuoso que Goya: las Meninas, los retratos ecuestres del rey y del príncipe, etc. Pero también, en ese lado sarcástico que siempre asoma en la pintura española, están los retratos de personajes de la corte que revelan las desigualdades de la época: son los bufones, los hombres contrahechos y horribles que sólo servían para entretener a los reyes y nobles.

Luego, para pagar un homenaje a la pintura europea, el visitante del Prado debe acudir a la sala de los flamencos, donde un cuadro maravilloso espera el escudriñamiento detenido del espectador: es el *Jardín de las Delicias*, de Jerónimo Bosco, uno de los cuadros más bellos de la historia del arte. Pero además de esta obra, hay otras excelentes creaciones del pintor flamenco, como *el Carro del Heno*, que simboliza el apetito de dinero en el mundo. También en las paredes del museo del Prado cuelgan las obras de otros flamencos, como Brueguel o Durero, cuyo autorretrato fue secuestrado durante la época de Franco por un grupo de anarquistas, y que es uno de los mejores cuadros dentro de ese género. Y después de los flamencos, quedan todavía los renacentistas italianos como Fra Angelico, cuya Anunciación es maravillosa, o las carnes de Rubens.

Pero además del Prado, como decíamos, el visitante de Madrid tiene la posibilidad de visitar alrededor de 24 museos más.

Uno de los más interesantes es el Casón del Buen Retiro, una construcción de la época de Felipe IV que data de 1630, y que alberga diversas pinturas de otras tantas épocas y estilos de la historia de la plástica española.

En su primer piso hay obras del neoclasicismo español, de gente como José de Madrazo. En el piso superior hay cuadros de realistas, románticos e impresionistas, entre los que destaca el retrato de Francisco de Madrazo de la condesa de Vilches. Entre los impresionistas, las pinturas mejores y más logradas son las de Joaquín Sorolla, cuya casa en Madrid ha sido convertida en un excelente museo del impresionismo español y está situada en el número 37 del paseo del General Martínez Campos.

Además del Prado, el visitante de Madrid tiene la posibilidad de recorrer alrededor de 24 museos más, todos llenos de arte de España y del mundo.

Cerca del Casón del Buen Retiro, donde también está instalado el famoso *Guernica* de Picasso, creado con motivo del bombardeo de la aviación alemana a esta ciudad española durante la Guerra Civil, se encuentra el Museo de Artes Decorativas. Instalado en una mansión del siglo pasado, el museo alberga interesantes bargueños de los siglos XV, XVI y XVII, excelentes sillas y mesas, y todo tipo de mueble antiguo. Una faceta importante del museo son las cerámicas y los textiles, todos de influencia árabe. Este museo es muy apto para todos aquellos que aprecien las llamadas artes menores, que sólo son así por una cuestión semántica y jerárquica, y no por que su realización sea menos artística o costosa que la pintura o la literatura.

Otro museo importante y necesario es el Museo Español de Arte Contemporáneo. Compuesto de dos divisiones, una de pintura moderna que se exhibe de una manera permanente, y otra de pintura muy actual, presentada de modo temporal, el museo, situado en el número 2 de la calle Juan Herrera, en la ciudad Universitaria, es muy interesante a la hora de calibrar las distintas tendencias del arte español en este siglo y en los últimos años. Las obras de María Blanchard, Dalí, Picasso, Antoni Tapiés, Manolo Millares, Antonio Saura, Eduardo Chillida, Viola, Antonio López, o Joan Miró, se pueden contemplar junto a la de pintores que no son muy conocidos hoy en día pero que en el futuro pueden llegar a pasar a ese Olimpo extraordinario y fructífero de la pintura española.

Otro museo interesante, detrás de la Biblioteca Nacional, es el Museo Arqueológico, donde el visitante puede apreciar una reproducción exacta de las cuevas de Altamira, los famosos refugios prehistóricos del norte de España donde los primeros artistas de la historia dejaron grabados sobre la roca sus visiones del mundo que los rodeaba en aquella época.

Otros museos interesantes son el Museo Naval, en el número 2 de la calle Montalbán, donde se puede contemplar un vasto despliegue de distintas embarcaciones, tanto al natural como maquetas, que han servido, en el pasado y hoy en día, como instrumentos de recreo o de guerra.

Y para atrapar una de las esencias de España, quizá el detalle por el que este país quizá sea primeramente identificado en el resto del mundo, está el Museo Taurino, en la Plaza de las Ventas, donde están los trajes de luces de los toreros más famosos y las capas rosadas y grana de las tardes de tragedia y de triunfo, con la sangre del torero o del toro marcada para siempre en la tela.

Además de estos museos está el de la Biblioteca Nacional; el Museo Municpal; la iglesia de San Antonio de La Florida; donde se exhiben unos maravillosos frescos de Goya; el Museo Reina Sofía, situado cerca de la imponente estación de Atocha, donde se presentan obras de vanguardia, etc. Hay una variedad tan grande, que el turista que visita Madrid podría estar todos los días de su estancia visitando museos, sino no hubiera otras cosas que hacer como beber una caña con una tapita en una terraza de la ciudad, mientras contempla la arquitectura.

Fotos Cortesía de la Oficina de Turismo de España

La fachada principal del Museo del Prado (arriba) y una vista del Parque del Retiro, donde hay varios museos interesantes.

3 Verbos en -*iar, -uar* y -*éir*

Haga frases, usando una forma apropiada de los infinitivos que quizá requieran acento.

> **Modelo:** mi padre/ temer/ mi hermano mayor/ no graduarse de la universidad esta primavera
>
> Mi padre teme que mi hermano mayor no se gradúe de la universidad esta primavera.

1. Alfredo/ guiarnos/ por el Prado esta tarde/ porque/ conocerlo muy bien

   Alfredo nos guía por el Prado esta tarde porque lo conoce muy bien.

   _____

2. no gustarme/ lo que/ tú/ insinuar

   No me gusta lo que tú insinúas.

3. la receta/ decir que/ freírse las chuletas/ dos minutos/ cada lado

   La receta dice que las chuletas se fríen dos minutos por cada lado.

   _____

4. ser muy importante/ Ud./ atenuar/ su presión en el trabajo

   Es muy importante que Ud. atenúe su presión en el trabajo.

   _____

5. ¿esquiar/ Uds./ por las pistas altas?

   ¿Esquían Uds. por las pistas altas?

6. yo/ esperar/ tú/ confiar en mí

   Yo espero que tú confíes en mí.

7. enojarme/ cuando/ ella/ actuar/ como si/ ser/ la jefa

   Me enojo cuando ella actúa como si fuera la jefa.

   _____

8. ¿qué/ querer/ tú/ yo/ enviarte/ de Caracas?

   ¿Qué quieres que te envíe de Caracas?

9. enfriar/ tú/ el postre/ antes de/ servirlo

   Enfría el postre antes de servirlo.

10. la profesora/ repasar los exámenes/ ayer/ sin/ evaluarlos

    La profesora repasó los exámenes ayer sin evaluarlos.

    _____

4 Un parque de atracciones nuevo

Imagine que se construye un nuevo parque de atracciones en un país de habla hispana. Se necesitan muchos trabajadores para varios puestos. Haga siete frases, usando elementos de cada columna.

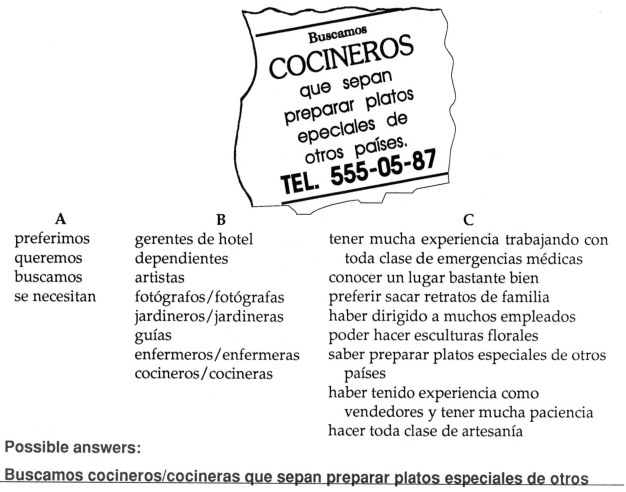

A	B	C
preferimos	gerentes de hotel	tener mucha experiencia trabajando con toda clase de emergencias médicas
queremos	dependientes	conocer un lugar bastante bien
buscamos	artistas	preferir sacar retratos de familia
se necesitan	fotógrafos/fotógrafas	haber dirigido a muchos empleados
	jardineros/jardineras	poder hacer esculturas florales
	guías	saber preparar platos especiales de otros países
	enfermeros/enfermeras	haber tenido experiencia como vendedores y tener mucha paciencia
	cocineros/cocineras	hacer toda clase de artesanía

Possible answers:

Buscamos cocineros/cocineras que sepan preparar platos especiales de otros países.

...gerentes de hotel que hayan dirigido....

...dependientes que hayan tenido...que tengan....

...artistas que hagan....

...fotógrafos/fotógrafas que prefieran

...jardineros/jardineras que puedan....

...guías que conozcan....

...enfermeros/enfermeras que tengan....

5 Carta para solicitar empleo

Escriba una carta de 8-10 líneas, solicitando el empleo de uno de estos avisos (o solicitando otro empleo, si Ud. prefiere). La carta debe incluir la fecha, el saludo, el cuerpo, la despedida, la firma y una posdata. El cuerpo de la carta debe incluir sus preguntas y la información necesaria para que obtenga una entrevista.

Answers will vary.

_____
_____
_____
_____
_____
_____
_____
_____
_____
_____
_____
_____
_____
_____

Lección 38

1 ¿Qué espera ser Ud.?

Escriba un párrafo, describiendo lo que Ud. quiere ser, y dos más explicando lo que quieren ser otros campañeros de clase, basándose en la lectura *¡Yo quiero ser director de cine!* ¡No deje de hablar en español con sus compañeros!

Modelo: Yo quiero ser ingeniero industrial para desarrollar proyectos de producción.
A Ana le gustaría estudiar leyes para ser abogada y trabajar en la defensa legal de los pobres.

Answers will vary.

A. Ud. mismo/a

_____
_____
_____
_____
_____
_____

B. Otro/a estudiante

_____
_____
_____
_____
_____
_____

C. Un/a tercer/a estudiante

_____
_____
_____
_____
_____
_____

2 El estudio

Aquí tiene diferentes avisos que ofrecen varias posibilidades de carreras para estudiar. Escoja tres opciones de estudio en el orden de importancia que le gustaría estudiar. Dé otras dos razones por cada una de sus selecciones, explicando, si puede, las ventajas de la carrera y las habilidades que podría adquirir. Puede escojer otras carreras diferentes a las de los avisos si Ud. prefiere.

Modelo: Me gustaría estudiar publicidad porque podría aprender mucho sobre medios de comunicación.

Además, creo que tendría muchas posibilidades de trabajo, por ejemplo en cine, televisión o en el departamento de publicidad de una gran empresa.

Primera opción: Answers will vary.

_____

_____

_____

_____

_____

Segunda opción:

_____

_____

_____

_____

_____

Tercera opción:

_____

_____

_____

_____

_____

3 **Las visitas a España de un autor estadounidense**

¿Conoce Ud. a James Michener? Es un autor estadounidense contemporáneo. Quizá ha visto o leído algunos de sus libros, tales como *Hawaii*, *Chesapeake* o *Centennial*. Pero, ¿sabía Ud. que también escribió otro, *Iberia*, en 1968, que trata sobre sus viajes por España? Imagine que Ud. es estudiante universitario y ese autor célebre ha acordado venir a dar una conferencia *(lecture)* sobre sus impresiones de España actual. Ud. se encarga de la publicidad y ha decidido traducir un resumen de una parte de su libro al español para imprimir *(print)* un folleto bilingüe. Traduzca lo siguiente, usando el imperfecto y el pretérito o cualquier otra forma del pasado que sea necesaria.

At the beginning of his chapter on Madrid, Michener explains that from the first moment he read of Spain as a boy, as well as during high school and college, the part he most wanted to see was the Puerta del Sol.

Al principio del capítulo que trata de Madrid, Michener explica que desde el primer momento que leyó sobre España, cuando era niño, así como durante los años de escuela secundaria y de universidad, la parte de la ciudad que más quería ver era la Puerta del Sol.

When as a young man he finally got to Madrid, he wanted to stay as close to the heart of the city as possible. He therefore took a room in the Hotel París on the Calle de Alcalá. He says that in the plaza he met wonderful people who wanted to talk to a Northamerican. The very considerate men and women he met in the hotel wanted to be sure he saw the best of Madrid. "Have you been to the military museum?", they would ask. He first visited the Prado Museum with some of these strangers from the hotel, and was awed (contemplar con admiración) by the great works of art it held.

Cuando era joven y finalmente fue a Madrid quería quedarse tan cerca del corazón de la ciudad como fuera posible. Por eso alquiló una habitación en el Hotel París en la Calle de Alcalá. Dice que en la plaza conoció a gente excelente que quería hablar con un norteamericano. En el hotel conoció a hombres y mujeres muy considerados que querían estar seguros de que él viera lo mejor de Madrid. "¿Ha visitado el Museo Militar?", le preguntaban. Visitó por primera vez el Museo del Prado con algunos de estos desconocidos del hotel y contempló con gran admiración las obras maestras que tenía.

4 Sopa de letras

Encuentre quince palabras referentes al arte o que tienen relación con pintores u obras de arte. (Los acentos no están incluidos.) Las palabras están organizadas en forma vertical, horizontal, diagonal, y también pueden estar escritas al revés.

```
O E B W L D Z J C E R A M I C A S
M J J F O E A I P N M V E U D C I
F O U L O R C L X J D M Z Y Z A I
E E H H I S M Z I O C E R G B C N
F U S I L A M I E N T O S S O I C
Y S M O D K G R G U Y W O J X N V
Z P I N T O R I O X T S T A K R W
U O A I O R F H V E L A Z Q U E Z
R G M I R O T O U T O E R D A U K
B A M M R J J K C S L A N R T G N
A S A N I N E M E I J Q U N S W I
R J P A Y O G P T F B T K H I T D
A Y O K N D S N R S L A P E L B R
N P T O O A R N O U E P V B A N J
X W D X Q R O P C R Y V O C E B G
K T V B E P Y S K Z I I D C R E T
H Q G A K E E V G O O A N V E F
```

5 Describiendo el arte

Escoja una de las obras de arte que aparecen en las Lecciones 37 y 38 de *Somos así 3*. Mírela detalladamente y luego escriba lo siguiente acerca de ella: nombre de la obra, autor, tamaño (si es posible) y el museo donde se encuentra. Luego, haga una descripción breve del contenido del cuadro, incluyendo la acción pintada, los colores, las formas, las figuras, los símbolos y otras cosas que Ud. pueda adicionar. Finalmente, desde su punto de vista, concluya lógicamente acerca del significado que para Ud. tiene el cuadro o de lo que cree el pintor quizo significar. Sea imaginativo/a.

Answers will vary.

_____

_____

_____

_____

_____

_____

_____

_____

_____

_____

_____

_____

_____

_____

_____

_____

_____

_____

_____

_____

_____

_____

_____

Lección 39

1 Antes de la entrevista

Lea el diálogo de la Lección 39 y después escriba la carta que Juan Carlos escribiría al gerente con quien tiene la entrevista. Incluya la siguiente información: edad, los estudios que él ha seguido, los idiomas que habla, sus cualidades personales y recomendaciones. Ud. puede imaginar cualquier otro dato no incluido en el diálogo.

Possible answer:

11 de abril, 1990
(fecha)

Señor Dávila

Gerente de Personal

Muebles de Oficina Chávez

Avda. 18 de Julio 637

Chimbote Area 34, Perú
(dirección)

Estimado Sr. Dávila:
(saludo)

Me interesaría mucho tener una entrevista con Ud. para el puesto del cual leí en el periódico de hoy. Tengo dieciocho años y me gradúo el próximo mes.

He seguido varios cursos de negocios, en los que saqué muy buenas calificaciones. También he estudiado computación y procesamiento de palabras por más de un año. Hablo español e inglés.

Tengo experiencia como vendedor, por eso me interesó su anuncio. Soy una persona responsable, amable y puntual. Me llevo bien con la gente porque sinceramente me gusta hacer amistades con todos. Confío en que estas cualidades le interesen para un puesto de vendedor.

Ud. puede conseguir recomendaciones sobre mí de la Sra. Jiménez, mi maestra de inglés, y también del director del colegio, el Sr. Morales, en el Colegio Municipal, Calle Rosal 3684, Chimbote Area 23, Perú.

Atentamente,
(despedida)   Juan Carlos Carrera

_____
(firma)

P.D. Mi dirección es Avenida Los Próceres 620, Chimbote Area 23, Perú.

(posdata)

2 Las instrucciones del jefe

Haga el papel de un jefe hablando con un empleado nuevo. Llene cada espacio en blanco con la forma apropiada del subjuntivo del infinitivo entre paréntesis.

Modelo: Quiero que me ____haga____ cualquier pregunta cuando
no ____entienda____ algo. (hacer/ entender)

1. Le sugiero que _____use_____ zapatos cómodos. (usar)

2. Quiero que _____venga_____ cada día por dos horas después de clases,
   para que nosotros lo/la _____entrenemos_____. (venir/ entrenar)

3. Espero que _____haga_____ amistades fácilmente y que los otros
   empleados lo/la _____ayuden_____. (hacer/ ayudar)

4. Le sugiero que se _____acueste_____ lo más temprano posible durante las
   primeras semanas. Estará cansado/a. (acostarse)

5. Después de estas primeras semanas yo querré que _____trabaje_____ más
   horas pues es alumno universitario y no tendrá un horario tan estricto como el de un
   estudiante menor. (trabajar)

6. Y muy importante, quiero que me _____informe_____ de cómo le va después
   de varios días. Deseo que todos mis empleados _____sepan_____ que son
   importantes. (informar/ saber)

7. Espero que _____disfrute_____ de su empleo con nosotros. (disfrutar)

3 En medio de la disputa

¡La pobre Sandra! Martín y Leonor han salido juntos por varios meses pero discuten desde hace dos días. Sandra prefiere no tomar partido porque es muy amiga de los dos. El problema es que Leonor le ha dicho muchas cosas que insiste en que Sandra se las diga a Martín. ¡Y Martín quiere oírlas! Haga el papel de Sandra, diciéndole a él las cosas que Leonor le ha dicho.

Modelo: El nunca considera mis sentimientos y opiniones. Y eso es importante.
Dice que es importante que tú consideres sus sentimientos y opiniones.

1. A veces él coquetea *(flirts)* con otras y eso me enoja.

   Le enoja que a veces tú conquetees con otras.

2. Yo dudo cuando él me dice cuanto le gusto.

   Ella dice que es dudoso que te guste tanto.

3. Tal vez él sale con otra y nadie me lo dice.

   Dice que tal vez tú salgas con otra y que nadie se lo diga.

4. Todavía me gusta él, aunque no me habla. Y también seguiré pensando en él aun si rompe conmigo.

   Tú todavía le gustas y dice que seguirá pensando en ti aunque rompas
   con ella.

5. Quiero volver a tener la hermosa relación de antes.

   Ella quiere que vuelvan a tener la hermosa relación de antes.

6. Me alegraré mucho si él deja de estar enojado conmigo.

   Dice que se alegrará cuando tú dejes de estar enojado con ella.

7. El me hace reír, me hace sentir muy bien. No conozco a nadie igual a él. El es el mejor de todos.

   Me dijo que no conoce a nadie como tú, que la haga reír y que la haga
   sentir tan bien. Dice que eres el mejor de todos.

8. Que me llame. He decidido que quiero hablar con él yo misma.

   Dice que la llames porque quiere hablar contigo ella misma.

4 Mandatos dados por otros

Estas frases son los mandatos dados por una persona y repetidos por otra. Haga el papel de la segunda, completando los espacios en blanco con la forma apropiada del subjuntivo de los verbos correspondientes. Siga el modelo.

Modelo: Quédate en casa porque está lloviendo muy fuerte.
Mi madrastra me dice que __me quede__ en casa porque está lloviendo muy fuerte.

1. — Busca un trabajo de media jornada *(part-time)*.

   Mis padres me dicen que _____**busque**_____ un trabajo de media jornada.

2. — No demoren en hacer las reservas.

   El agente de viajes nos dice que _____**no demoremos**_____ en hacer las reservas.

3. — Llámame cuando llegues al aeropuerto.

   Angela me dice que _____**la llame**_____ cuando llegue al aeropuerto.

4. — Pongan la mesa.

   Abuelita nos dice que _____**pongamos**_____ la mesa.

5. — Envíelo por correo aéreo para que llegue antes del sábado.

   El empleado del correo me aconsejó que _____**lo enviara**_____ por correo aéreo para que _____**llegara**_____ antes del sábado.

6. — Uds. deben asistir a la conferencia sobre el arte realista que se dará esta noche en el museo.

   El profesor de arte exige que esta noche nosotros _____**asistamos**_____ a una conferencia sobre el arte realista en el museo.

7. — Compre el de color violeta porque no tenemos ninguno que sea rosado.

   La dependiente me dijo que _____**comprara**_____ el de color violeta porque no tenían ninguno que _____**fuera**_____ rosado.

8. — Doblen Uds. a la derecha en el próximo semáforo, sigan derecho por dos cuadras y verán el museo que está en la esquina.

   El policía dijo que _____**dobláramos**_____ a la derecha en el próximo semáforo y que _____**siguiéramos**_____ derecho por dos cuadras. El museo está en la esquina.

9. — Ve bien temprano al Museo del Prado para ver todo.

   Lourdes me aconsejó que _____**fuera**_____ bien temprano al Museo del Prado para ver todo.

Lección 40

1 ¿Cómo cambiaría el mundo?

Haga una lista que incluya por lo menos cinco condiciones tecnológicas que Ud. cree que podrían cambiar el mundo, sugiriendo el posible efecto que estas condiciones tendrían en nuestras vidas.

Modelo: Si no existieran medios de transporte que funcionaran con gasolina, se disminuiría la contaminación ambiental.

Answers will vary.

_____

_____

_____

_____

_____

_____

_____

_____

_____

_____

_____

_____

_____

_____

_____

_____

_____

_____

_____

2 Tecnología

Conteste las siguientes preguntas, básandose en el artículo *El nuevo TGV supera los 300 kilómetros por hora*.

1. ¿Qué es improbable para la gente que construyó la legendaria locomotora Adler hace 155 años?

   Es improbable que ellos imaginaran que algún día en el futuro un tren

   pudiera correr a más de 400 kilómetros por hora.

   _____

2. ¿Qué dijeron los incrédulos del progreso (las personas que no creen en el progreso) acerca de la velocidad del tren?

   Dijeron que la desacostumbrada velocidad iba a causar confusión mental

   entre los pasajeros.

3. ¿Cuántos países une la red ferroviaria (sistema de rutas de trenes) europea y cómo es el sistema?

   La red une 17 países con un sistema de transporte, veloz, ágil

   y aerodinámico.

4. ¿Qué significa las letras TGV?

   Significa trenes de gran velocidad.

5. ¿Cuál es el tiquete de viaje más popular en Europa y a qué da derecho?

   El tiquete más conocido es el Eurailpass y da derecho a disfrutar

   primera clase sin límite de kilometraje y válido en los 17 países que

   conforman la red.

6. ¿Cuánto tiempo dura el TGV en alcanzar la velocidad de 300 k/h?

   La puede alcanzar en seis minutos y medio.

7. ¿Con cuántos trenes cuenta el tren bala (*bullet train*) de la red Atlántico y cuántos vagones tiene cada tren?

   El tren bala cuenta con 95 trenes de 12 vagones cada uno.

8. ¿Cuál cree Ud. que será el sistema de transporte del año 2.500? Explique.

   Answers will vary.

   _____

   _____

   _____

EL NUEVO

SUPERA LOS 300 KILOMETROS POR HORA

El TGV Atlantique, la línea férrea más moderna de Francia, es capaz de alcanzar los 300 kilómetros en seis minutos y medio.

Es improbable que hace 155 años, cuando se puso en marcha la legendaria locomotora 'Adler' construida por un británico, la gente metida en la aventura pudiera imaginar que algún día en el futuro uno de estos vehículos pudiera correr a más de 400 kilómetros por hora.

Cuando el 7 de diciembre de 1835 el trencito hizo los seis kilómetros que separan a Nuremberg de Furth los incrédulos del progreso dijeron alarmados que la desacostumbrada velocidad iba a causar confusión mental entre los pasajeros.

Así que desde cuando la legendaria locomotora Adler dio su paseíto, la red ferroviaria europea ha aumentado de seis a 170.000 kilómetros que unen a 17 países mediante un sistema de transporte, veloz, ágil y aerodinámico.

Actualmente la palabra mágica en materia de trenes es TGV, una sigla francesa que significa trenes de gran velocidad o, como los llaman en el Japón o en Inglaterra o Alemania Federal, los hermosos y fastuosos trenes bala.

En los diez millones de kilómetros cuadrados del mapa europeo el tiquete de viaje más conocido es el 'Eurailpass' que le da derecho al viajero a disfrutar una primera clase sin límites de kilometraje y válido en cualquiera de los 17 países de la red. El pasaje cuesta entre 336 y 889 dólares.

Mientras los británicos están casi listos para colocar en servicio su nuevo tren, el Intercity 225 con la locomotora Class 91 de la British Rail, un tren de la nueva generación de máquinas eléctricas de alta velocidad capaz de alcanzar una velocidad de 262 k/h, los franceses inauguraron desde el año pasado su segunda red, el TGV Atlantique o tren bala Atlántico cuya máxima velocidad de 300 k/h, la puede alcanzar en seis minutos y medio.

Los franceses conocen el tren desde 1837, al poner en servicio el enlace de 17 kilómetros entre París-Saint Germanen Laye. La velocidad fue de 37 k/h. La marca francesa de velocidad es hoy en día de 380.4 k/h.

El TGV Atlantique de 237 metros de largo es la segunda red francesa de trenes de alta velocidad. La primera fue la del Suroriente.

El tren bala de la red Atlántico cuenta con 95 trenes de 12 vagones y 485 asientos (116 de primera clase y 369 de segunda) sobre una vía nueva de 280 kilómetros. Costo: 17 billones de francos.

En la otra red la velocidad es de 270 k/h, tiene 109 trenes en servicio con 386 asientos y la longitud de la red es de 417 kilómetros. La inversión se elevó a los 15 billones de francos.

3 Imperfecto del subjuntivo

Escoja la letra del segmento de la columna de la derecha que complete lógicamente el segmento de la izquierda.

_H_ 1. Si me ofrecieran el puesto...

_D_ 2. No estaría muerto de cansancio...

_F_ 3. Buscaría un trabajo de media jornada...

_A_ 4. Si pensara más en qué comer...

_J_ 5. Iría a Rusia...

_E_ 6. Si no pasara tanto tiempo saliendo con amigos...

_B_ 7. Si empezara los quehaceres en seguida...

_G_ 8. No tendría una cuenta tan alta...

_I_ 9. Se vería mejor...

_C_ 10. Si me pidiera que saliera con él...

A. podría bajar de peso.

B. los terminaría dentro de una hora.

C. diría que sí.

D. si durmiera mejor.

E. saldría mejor en sus clases.

F. si no tuviera tantas materias difíciles.

G. si no hiciera tantas llamadas de larga distancia.

H. lo aceptaría.

I. si comprara ropa del tamaño correcto.

J. si tuviera la oportunidad.

4 Como si

Haga frases, usando la información indicada y la expresión *como si*. Siga el modelo.

Modelo: Mariana/ hablar/ saber todo
Mariana habla como si supiera todo.

1. el mecánico/ explicarme (*pretérito*) todo/ yo entenderlo
El mecánico me explicó todo como si yo lo entendiera.

2. la novia/ actuar/ no estar nerviosa
La novia actúa como si no estuviera nerviosa.

3. Sonia/ explicarlo/ ser guía del museo
Sonia lo explica como si fuera guía del museo.

4. ella/ contestar (*pretérito*) el teléfono/ vivir aquí
Ella contestó el teléfono como si viviera aquí.

5. Amelia/ vestirse/ trabajar de modelo
Amelia se viste como si trabajara de modelo.

6. Benito/ conducir (*pretérito*)/ ya tener su licencia
Benito condujo como si ya tuviera su licencia.

5 El pretérito perfecto del subjuntivo

Complete cada oración con la forma apropiada del pretérito perfecto del subjuntivo del infinitivo entre paréntesis.

Modelo: Le avisaremos tan pronto como _____ hayamos decidido _____. (decidir)

1. Es importante que tú _____ **hayas pedido** _____ cartas de recomendación. (pedir)

2. La guía espera que nosotros _____ **hayamos visto** _____ lo mejor del museo con ella. (ver)

3. No creo que él _____ **haya esquiado** _____ antes. (esquiar)

4. A Susana le encanta que Teodoro le _____ **haya enviado** _____ flores. (enviar)

5. No te lo creo aunque me lo _____ **hayas repetido** _____ muchas veces. (repetir)

6. Ojalá que _____ **haya hecho** _____ buen tiempo allá hoy. Las víctimas del huracán han sufrido bastante. (hacer)

7. Dudo que ella _____ **haya leído** _____ el poema. (leer)

8. Mi madre tendrá miedo hasta que mi hermano mayor _____ **haya vuelto** _____ de Europa. (volver)

9. No hay ningún alumno que _____ **haya sacado** _____ una calificación mejor que la tuya. (sacar)

10. Me molesta que ella _____ **haya conseguido** _____ el puesto solamente porque su tío trabaja para la empresa. (conseguir)

6 El futuro

Lea el artículo *Cuando me gradúe...¿qué voy a hacer?* y luego conteste las preguntas.

Answers will vary.

1. ¿Qué haría Ud. en la situación de Carlos Antonio?

   _____

   _____

2. Si tiene la oportunidad de estudiar algo en la universidad, ¿estudiaría algo que le gusta mucho o algo, que aunque no le gusta mucho, sabe que le podría asegurar un buen futuro? Diga por qué.

   _____

   _____

   _____

3. El caso que se presenta en el artículo es de un joven colombiano. ¿Piensa Ud. que este caso es muy común en los jóvenes de los Estados Unidos? Dé algunas razones.

   _____

   _____

4. ¿Piensa Ud. seguir estudiando después de terminar el bachillerato, o preferiría trabajar tiempo completo? ¿Por qué?

   _____

   _____

5. ¿Cree Ud. que la presión que ejerce la familia sobre los hijos, para que estos sean los mejores, es positiva o negativa para el estudiante? ¿Por qué?

   _____

   _____

6. ¿Cree Ud. que la falta de experiencia en un trabajo es un motivo para no ser aceptado en una plaza de trabajo? Dé algunas razones.

   _____

   _____

7. ¿Qué conclusiones saca Ud. después de leer este artículo?

   _____

   _____

   _____

Nombre: _____   Fecha: _____

FUTURO...

Diana Jaramillo y Luis
Javier Posada
Foto de Mauricio Mendoza
Maquillaje de Margarita
Fajardo
Trajes de Jeans & Jackets

Ya con el título universitario bajo el brazo, el nuevo profesional se enfrenta a la realidad social y laboral. ¿Qué le espera y qué posibilidades tiene en el medio? Esta y otras inquietudes angustian a la mayoría de los jóvenes. ¡Veamos!

LUZ BEATRIZ GARCIA ACOSTA

Carlos Antonio es un joven taxista de 27 años. Hace dos está en el oficio. No es que le guste su labor, pero es más rentable que los sueldos que le ofrecen por cualquiera de sus dos profesiones: economía y contaduría.

"Qué más puedo hacer si tengo que pagar deudas, arriendo, ropa, comida...además me toca ayudar en la casa. ¡Y gracias a Dios que no tengo esposa, ni hijos!".

Como él, hay cientos de universitarios que al finalizar sus estudios tienen que escoger entre esperar a que les resulte un puesto relacionado con su profesión, con una remuneración generalmente poco satisfactoria, laborar en un campo diferente o abrir su propia empresa.

En los últimos semestres, la mayoría de los estudiantes sienten que su angustia es creciente. Se preguntan con mayor frecuencia ¿qué voy a hacer? Según el sector de asesoría psicológica de la Universidad Javeriana el joven próximo a egresar se enfrenta a diversas situaciones que se presentan a nivel personal, familiar, social y laboral. A nivel personal surge la sensación de que termina la carrera con un gran bagaje teórico, pero poco práctico.

Por otro lado, tiene que asumir nuevas responsabilidades con respecto a su familia, a sí mismo, a lo económico y eso le representa la necesidad de mostrarse más independiente. Las limitaciones del medio social, como la falta de empleo, le impiden asumir esas nuevas responsabilidades. Entonces, entra en un conflicto entre tener que afrontarlas y no poder hacerlo con la velocidad y las condiciones que deseaba. ¿Consecuencias? Frustración, pasividad o búsqueda de oportunidades.

Para Antonio González Vergara, psicólogo del Centro de Desarrollo Personal Integrado, Ceidi, la familia ejerce, indirectamente, una gran presión. "Esta tiene una alta imagen y valoración del hijo y sus expectativas giran en torno a él. Pero también le exige, inconsciente o conscientemente, porque la carrera ha sido muy costosa. Esperan que concluya la carrera y sea un excelente profesional".

Para el recién egresado esa necesidad de producir le crea un conflicto, porque las expectativas de su familia no coinciden con la realidad. Y la realidad es que él no está lo suficientemente preparado para ser una persona productiva desde un comienzo. "En la mayoría de las universidades —afirma González— no hay prácticas suficientes. Los estudiantes se sienten inseguros ante el medio".

Algunos estudiantes piensan que no pueden hacer oficios diferentes porque no les corresponde. "Emplearse en otros cargos diferentes a su profesión es frustrante para algunos y para otros no. Primero está la realidad y la exigencia misma de la sobrevivencia, no obstante que no sea su carrera".

En casos de baja tolerancia a la frustración el joven puede sentirse disminuido, insatisfecho y desubicado.

El sector de asesoría psicológica plantea, también, la presión a la que se ve enfrentado el estudiante cuando tiene que afrontar personas o instituciones que subvaloran su trabajo por la falta de experiencia. "No basta con alcanzar cierto nivel de desarrollo. Se busca, también, ponerlo en práctica. El profesional considera que ha ganado con su carrera, pero el tener que aportar y sentirse útil muchas veces no es compensado".

Entonces la pregunta sería: ¿cuáles son las políticas que tiene el gobierno para decir si vale la pena mirar hacia determinado tipo de carrera o se sigue fomentando el número de frustrados profesionales con cartón?

Cuando me gradúe... ¿qué voy a hacer?

7 Hacia el pasado

Cada frase de este ejercicio se refiere al presente. Imagine que ha pasado un año.
Cambie las frases para que se refieran al pasado, usando el pluscuamperfecto del
subjuntivo.

> **Modelo:** Necesitamos dos jóvenes que hayan trabajado de guías.
> Necesitábamos dos jóvenes que hubieran trabajado de guías.

1. Es importante que tú hayas practicado bastante antes de sacar tu licencia de conducir.
   Era importante que tú hubieras practicado bastante antes de sacar tu
   licencia de conducir.

2. A Enrique le enoja que a él no le haya tocado usar el baño.
   A Enrique le enojó que a él no le hubiera tocado usar el baño.

3. Los futuros suegros de Elisa se alegran de que ella y Manolo se hayan comprometido.
   Los futuros suegros de Elisa se alegraron de que ella y Manolo se
   hubieran comprometido.

4. Alicia siente que su abuela se haya enfadado con ella.
   Alicia sintió que su abuela se hubiera enfadado con ella.

5. Es necesario que Diego y Soledad hayan cumplido el proyecto antes del lunes
   diecinueve.
   Era necesario que Diego y Soledad hubieran cumplido el proyecto antes del
   lunes diecinueve.

6. Los estudiantes de la señora Cortés no creen que ella haya venido a clase llevando dos
   zapatos de colores diferentes.
   Los estudiantes de la señora Cortés no creyeron que ella hubiera venido a
   clase llevando zapatos de colores diferentes.

7. No pienso que ellos se hayan divertido visitando el museo.
   No pensaba que ellos se hubieran divertido visitando el museo.

8. Al agente de viajes le frustra que Silvia y Susana no se hayan puesto de acuerdo antes
   de llegar a la agencia.
   Al agente de viajes le frustró que Silvia y Susana no se hubieran puesto de
   acuerdo antes de llegar a la agencia.

9. A Fernando le fastidia que el hotel no haya recibido las reservas que ellos hicieron hace
   dos meses.
   A Fernando le fastidió que el hotel no hubiera recibido las reservas que ellos
   habían hecho hacía dos meses.

Selecciones literarias

Dos corazones y una sombra

Conteste las siguientes preguntas, basando sus respuestas en la lectura *Dos corazones y una sombra*, del Capítulo 10 de *Somos así 3*.

1. Al principio del cuento, ¿por qué interrumpió Luisa la discusión sobre la boda de María?

   Para fregar la vajilla porque era miércoles y a ella le tocaba hacerlo.

2. ¿Por qué Carmen no abrió el balcón aunque quería hacerlo?

   Tuvo miedo al viento.

3. ¿Cómo estaba sentada Carmen mientras esperaba a que Luisa terminara de fregar la vajilla?

   Con los brazos cruzados y con el oído vigilante al último rumor de la cocina.

4. A la hora de encender la luz y cerrar las puertaventanas, ¿cuál hermana lo hizo?

   Luisa la encendió y las cerró.

5. Cuando alguien llamó a la puerta, ¿quién fue para averiguar quién era?

   Luisa fue.

6. ¿Qué hizo Luisa antes de preguntar quién era?

   Comprobó que todo estaba en orden.

7. ¿Qué le pidió Carmen a Luisa que hiciera con su combinación?

   Le pidió que la pusiera encima de su cama.

8. ¿Qué opinó Carmen sobre la mudanza de ellas a Madrid?

   Dijo que tal vez habían hecho mal en mudarse.

9. Al llegar Jaime, ¿qué decidió hacer Luisa después de cenar?

   Ausentarse para que él y Carmen estuvieron solos.

10. ¿Cuál cree Ud. que será el futuro para Luisa y Carmen?

    Answers will vary.